英語喉（のど） 50のメソッド

NATIVE METHOD

N-eI-ʔ/d-i-v/M-E-th/th-i-D

IN 50 LESSONS YOU GET EIGO-NODO

上川一秋・ジーナジョージ　著

SANSHUSHA

英語を上達させたい読者にこの本を捧げます。

皆さんが何歳であろうと、人生のどのステージにあろうと、どのような苦境に立たされていたとしても、もうこれ以上の挑戦は予定していなかったとしても、皆さんに英語を通じていろいろな機会が訪れますように。

この本で学ばれたことをもとに、旅行を楽しんだり、留学をしたり、キャリアを築いたりしてください。

上川一秋・ジーナ ジョージ

This book is dedicated to the people of Japan, to those who want to improve their English — no matter how old or young you are, whatever stage of life you may be in, even if you are facing difficult challenges that may feel impossible to overcome, even if you were not expecting any more new challenges. We hope that reaching a higher level of English ability can open the door to new opportunities. Please use what you learn in this book to enjoy traveling, to pursue studying abroad, and to build and enhance your careers and lives.

NATIVE METHOD

N - eI - *T* / d - i̲ - v / M - Ē̲ - *th* / *th* - i̲ - D̲

英語喉（のど）
50のメソッド

IN 50 LESSONS YOU GET EIGO-NODO

上川一秋・ジーナジョージ 著

SANSHUSHA

THANKS 感謝の言葉

シカゴ大学社会学部名誉教授、Charles Bidwell博士に感謝します。氏からは、従来の知識では説明できないことを発見する喜びを学びました。南フロリダ大学人類学部教授、Kathryn Borman博士は、現実をじっくり観察することの大切さを教えてくださいました。共著者にも感謝します。日米共同研究なしには、これほどの発見は不可能でした。家族と友人にも感謝します。暖かい応援ありがとう。父と母は、私の英語や外国文化に対する興味を育ててくれました。その理解と教育投資のおかげで、物事をあたりまえとしてとらず、「なぜ」を問う態度を持つことができました。

上川一秋

家族と友人の応援に感謝します。特にJohnとAngela、どうもありがとう。また、お世話になった日本語の先生方にお礼を言いたいです。宮内さんと福田さんのご家族には特にお世話になりました。最初の日本人の友人となり、日本語そして日本文化の先生になっていただきました。日本のお宅に招待してくださり、家族として受け入れてくださいました。それは私の日本への最初の旅行でした。ご親切のおかげで、日本に関する知識を深めることができました。共著者にも感謝します。共同研究なしには、真実の方法、ネイティブメソッドを突き止めることはできなかったことでしょう。

ジーナ ジョージ

スペシャルサンクス

三修社の皆さん、ブレインの皆さん、大変お世話になりました。録音エンジニアおよび声の出演として活躍してくれた友人Marc Sanfordさんにも感謝です。本メソッドの最初の実験台となっていただいた苅谷剛彦教授、本当にありがとうございました。

推薦の言葉

苅谷剛彦（東京大学大学院教育学研究科教授）

天動説と地動説の違いくらい革命的な英語の教則本が登場した。それが本書、『英語喉50のメソッド』だ。この本は、20年以上にわたり、アメリカやイギリスを中心に英語で教育、研究の仕事をしてきた私にとっても、まさに目から鱗が落ちる本であったし、私の英語の発音を“ネイティブ並み”にする救世主といえる本であった。

私自身、20代後半にアメリカの大学院に留学し、そこで博士号をとった。そのあと、アメリカの大学院で教えたこともある。英語の論文もけっこう書いてきたし、学会や国際会議の場でも英語を使った発表もこなしてきた。日本人の標準から見れば、英語が「できる」ほうの部類と言っていいだろう。だが、どうしても、発音だけはネイティブのようにはいかなかった。聞き取りのほうも、しゃべる相手によっては聞きにくい場面に何度も遭遇した。それを直そうと、英語の発音や聞き取りに関する教材を読むという点でも、一般の日本人より数段努力してきたつもりだ。それでも、なかなか飲み込めないことがたくさんあった。

ところが、この本を手にしたときから、今までのやり方がまったく間違っていたことを知った。いや、頭でわかっただけではない。実際に使ってみると、英語の発音ががらっと変わったのである。本書が執筆されている途中､私は､在外研究でイギリスのオックスフォード大学に半年間滞在していた。そこで、本書のメソッドを他の読者よりいち早く教えられ、「実験台」をかって出た。本書で練習を始めてまもなくすると、周りのイギリス人たちが、私の発音が変わりはじめたことに驚く場面に何度か遭遇した。

何がこれまでと違うのか。それまでの私は、本書以外の英語の発音について書かれた全ての本がそうであるように、一生懸命、口の中の舌の動きや、唇の形を作ることに専心し、それらしい英語の発音をまねしようとしてきた。しかし、この本が教える「喉」には一度も注意を払ったことはなかった。せいぜい低い声を出すと英語らしく聞こえるだろうと、おなかの底から声を出そうとしたくらいだった。

ところが、本書が説くように、喉に注意を向けてみると、口先で話そうとしていた英語の声とは明らかに違う音を発することができるようになったのだ。それも、まるでネイティブのように。自分で話していて、明らかに自分の声が違って聞こえ出した。口先の変な動きを気にしなくてすむようになった分、しゃべること＝考えることに集中できるようにもなった。それというのも、口先をどうしろこうしろというこれまでの教則本と違って、喉の使い方、声の出し方さえ一度覚えてしまえば、自然と（私にはそう感じられるのだが）舌の動きや唇の形などに神経を向けなくても、ネイティブの音が出るようになるからである。この心地よさは、一度体験したら元には戻れないほどのものである。今では、以前、どんなふうに英語を話していたのか不思議なくらいだ。ちょうど、地球が太陽の周りを回っていることを知ってしまった私たちが、それ以前の天動説の時代には戻れないのと同じである。

それだけではない。聞き取りの力の改善もめざましかった。よくいわれるRとLの聞き分けなど､どうしてこれまではわからなかったのかと不思議になるほどであった。つまり、一度できてしまったらあとには戻れない。それくらい、根本的な変化がこの本のやり方を習得することでできたのだ。

しかも、この本のすぐれた点は、どうすればそういう音を出せるのか、聞き分けができるのか、その根本の仕組みをしっかり押さえた上で、その方法をわかりやすく伝授してくれるところにある。その根本の仕組み自体、ややこしい舌の動きとはまったく違って、実は非常に単純なのだ。喉のどこから音を出すか、それを英語の発音の基本的なパターンとして覚えてしまえば、それだけでいいのである。それができなかったための代案が、複雑でアクロバティックな舌の動きを教える教則本だったのだろう。わかってしまえば、気の毒と思えるほど、古いやり方ではこんな音は出るはずがない、と思えてくる。それに対しこの本のやり方は、ネイティブが実際にやっていることを、そのまままねるのだから、複雑なはずがない。その根本の仕組みが正しく（そしておそらくは世界で初めて）解明されたからこそ、できた教則本である。

3ビートについてもそうだ。日本語と英語とのリズムに違いがあることは何となくわかっていたが、その違いをどうやって自分で表現できるかとなると、やはり根本の仕組みを理解することが必要となる。この本で紹介される英語のリズムについての具体的なレッスンは、それを体得する上で、まさに理にかなっている。そして、このリズムに乗ることができるようになれば、発音だけでなく、リスニングの能力も格段に上達する。

もちろん、練習は必要だ。だが、練習するうちに、自分の口から発せられる英語が、ネイティブのそれのように聞こえてくる快感を伴う練習だから、それほど苦にはならない。それどころか、自分の発音がどれくらい改善されたか、試してみたくて仕方なくなるほど、違ってくる過程が自分でわかってしまう練習なのだ。

本書が世に出ることの影響は計り知れない。私は、20年以上、英語を実際に仕事で使ってきたが、もしもっと以前にこの本に出会っていたら、どれほど自分の仕事ぶりが違っていただろうかと悔しい思いさえする。初めて英語の発音や聞き取りを習う人たちが、この本が紹介する原理を手に入れることができれば、私のような回り道をしなくてすむだろう。できれば、学校教育でもこの原理を教えるような道を考えた方がよい。教育研究の専門家の一人として、本当にそう思う。

本書が早く世に出ることを、最初の読者（実験台の一人）として、切に願う。

CONTENTS

本書の特徴と使い方

本書では、英語ネイティブがしている喉発音、そして3ビートを理解し、練習してもらいます。短期間で、英語ネイティブと同じ発音が身につき、音の聞き取りが100%できるようになります。

本書には、喉、呼吸、母音、子音、3ビート、ドリルのセクションがあります。「喉」では、英語ネイティブと同じ喉の使い方を勉強し、「呼吸」では、ネイティブと同じ呼吸法を学びます。喉発音がマスターできたあとで、個別の音を「母音」と「子音」のセクションで勉強します。「3ビート」では、英語のリズムを勉強します。

「ドリル」は、たくさんの例文を通じて、喉発音と3ビートを、定着させるのが目的です。

付録のリソースセンターには、喉発音と3ビートの学習の参考になる情報を載せました。

レッスン50までの各レッスンの最初に「がんばるバロメーター」を示しました。

例）がんばる度数3

がんばる度数1、2のレッスンは簡単です。説明を1回読んで、練習にすぐ取り組んでください。3、4、5と度数が上がるにつれ、本物のがんばりが必要となります。

がんばるのは頭です。がむしゃらに練習するのではなく、まずはじっくりゆっくり説明を読み、しっかり発想の転換をしましょう。声に出して繰り返す前に、がんばって、最高レベルの集中力で音を聞くようにしてください。

本書で紹介する方法をネイティブメソッドと言います。ネイティブメソッドは、英語ネイティブが発音の際にしていることと同じことです。英語ネイティブのまねをする方法というよりは、ずばり英語ネイティブがしゃべる時に実践している方法そのものです。

イントロダクション

200年めの発見

日本人は外国のものをうまく取り入れ、工夫することで、科学技術を発展させ、ついに世界の経済大国となりました。ところが、外国語に関しては、まじめな国民性をもってしても、歯が立ちませんでした。日本人は、英語発音と聞き取りにおいて苦労します。これは日本人の能力のせいではなく、長い間ある勘違いをしていたことが原因です。ずばり、英語は口というよりも喉で発音するものなのです。日本語で言うと首にあたる部分の喉です。ネイティブの声が、日本語よりも深く、立体的に響くのには、わけがあったのです。

なぜ喉で発音するとネイティブと同じ発音ができるのでしょうか。理由は単純です。それがネイティブが英語を発音する時にやっていることだからです。さらに、もう1つ理由があります。喉を使うと、どんな音でもうまくまねることができるのです。言語だけでなく、犬の鳴き声や自動車のエンジン音など、喉を使えば、どんな音でもうまくまねすることができます。

ネイティブの先生の困惑とそれなりの工夫

英語ネイティブの先生の教え方が勘違いのもととなりました。皆さんの発音を助けようとするがあまりに、舌や唇をおおげさに動かしたり、口を大きく開けたりして発音指導をしました。ネイティブの先生たちの悩みは日本人相手に英語の音を教えても、近い音を出してくれないことでした。おおげさに教えれば、ネイティブ音に似たような音がすることがたまにあります。巻き舌で発音すればRに少しだけ似た音が出ます。唇を丸めればWに似たような音が出ます。似ているとはいえ、おおげさな発音法は決してネイティブ音と同じにはなりませんでした。

ネイティブの先生には、日本人がなぜ音の区別がつかないのかがわかりません。英語ネイティブ自身は、日本語の音はすべて区別できますし、慣れれば、すべての音を発音できます。でも、日本人には英語音がわからない。このことの理由が理解できず、絶望的な気持ちから、ネイティブの先生はおおげさに舌や唇を動かすことでその場をしのいできたのです。

日本人の対応　英語道

日本人は英語ネイティブの先生から教わった「おおげさな発音法」を極端な形で追求しました。「道（どう）」をつくりあげてしまったのです。舌の位置や唇の動かし方などを作法とし、とにかくおおげさに発音することを続けてきました。特に「道」には、おおげさな動作を繰り返せば基本をつくれるという考えがあります。多くの日本人は、形に基づいて発音練習をがんばってきました。ところがネイティブの英語にまったく近づきませんでした。うまくならない不満から、「日本人には日本人の英語があってよい」とか、「ネイティブの英語をまねる必要はない」といった考えも生まれました。

英語の根がわかれば聞ける、発音できる

日本人もネイティブの先生もあることに気がつきませんでした。それは英語の音の最も大切な部分が何であるかです。木にたとえます。これまで人々は、葉っぱや枝だけを教えていたようなものです。しかし、葉っぱや枝は木の根があるからこそ育つのです。この根を教えることを人々は忘れていました。

英語発音の根は喉です。口の中で起こる細かい摩擦の音ではなく、喉から出てくる豊かな音色に耳を澄ましてください。日本人でも英語音が簡単に、瞬間的に聞き取れるようになります。根から勉強を始めれば、幹、枝、葉のすべてを理解し、木の全体を知ることができます。

日本語は実にユニークです。もちろん喉にある声帯から音を出しますが、喉を緊張させることで1つ1つの音を短くします。そのせいで喉を響かせることができません。つまり日本人の発音は口発音なのです。

一方、英語だけでなく、欧米の言語はすべてが喉発音です。実はそれだけではありません。動物も喉で音を出します。犬が吠える様子を思い出してください。口は開けたままで、音のほとんどは喉で響きます。哺乳類の基本の発声法は喉発音なのです。

実は日本人でも赤ちゃんは喉発音をしています。赤ちゃんの泣き声は、口ではなく、喉で音が響きます。幼児期になると、喉発音から口発音へと移行していきます。英語発音をマスターすることは、人類にとって最も自然な発声法に帰ることを意味します。

従来の方法は口の動きにとらわれすぎていました。音をつくり出すメカニズムにおいては、唇、舌、あごの動かし方は非常に些細なことなのです。木にたとえると、葉っぱや枝です。日本人はこれまで、些細で表面的なものをおおげさに動かすことで英語の発音を試みました。これでは正しい発音ができなくて当然です。

英語音の根のもう1つの大切な部分はリズムです。日本語のリズムは2ビートで、英語のリズムは3ビートです。これまでの日本人の英語のしゃべり方は、ワルツで盆踊りを踊っているようなものだったのです。実は3ビートさえ心がけていれば、これまで強調されてきたイントネーションとかアクセントの位置などはすべて忘れてもよいのです。

もちろん英語にはいろいろな種類があります。本書はアメリカのテレビニュースで使われている標準米語を扱います。とはいえ、どんな種類の英語でも、喉発音であることと3ビートであることは共通です。実はすべてのヨーロッパ言語において、喉発音と3ビートの原則は同じなのです。

ネイティブメソッドと従来の方法はどう違う？

喉発音を最重要視するネイティブメソッドに、ネイティブ自身を含む多くの人が疑問を持つかもしれません。音によっては唇を少し丸めたり、口を大きく開けることもあるだろうと。しかし、おおげさな口の動きは、人に対して、はっきりと発音を示したいという熱意が、顔に表れているのです。英語学習者に対してだけではなく、また日本語でも英語でも、人が相手にメッセージを強く伝えたい時には、その心が表情として表れます。実際の会話では、ネイティブはほとんど喉でしゃべっています。ネイティブメソッドは、ネイティブ

どうしが、観察されているとは知らず自然にしゃべっている英語を観察することで誕生した真のメソッドです。逆に、従来のメソッドが参考にしたのは、「観察されているぞ」と意識過剰になっているネイティブのおおげさな英語でした。そのために、観察者の脳が視覚情報に頼ってしまい、「表情」と「音声」の境を勘違いしてしまったのです。

3ビートは英語圏の小学校で教えられるシラブルの概念と基本的には同じです。ただし、西洋人にとっては、当たり前すぎて、意識もされていないスウィングとフォロースルーを説明します。例えば、体育の先生がマラソンを指導するときに、右足、左足を交互に使いましょうとは言いません。当たり前だからです。西洋人はリラックスさせた喉を、開けたままで喋るので、何も考えなくても、スウィングとフォロースルーが起こります。また西洋言語は全て3ビート言語です。西洋人が他の西洋言語を外国語として学ぶときには、シラブルに関しては、勉強する必要がありません。一方で、口発音であり、2ビート言語である日本語をしゃべる日本人学習者は、根本のレベルから学ぶ必要があります。

残念ながら、従来のシラブルの説明には、英語音の流動的なつながりを生み出すスウィングとフォロースルーがありませんでした。また従来のアプローチは、シラブルの理解が英語発音と聞き取りに、どれだけ大切かということに気がついていませんでした。

練習の心得

セクションをマスターしてから、次のセクションへ

5つのセクションがあります。喉、呼吸、母音、子音、3ビートです。それぞれのセクションの練習を完全にマスターしてから、次のセクションに進むようにしてください。例えば、喉の使い方、呼吸の工夫について自信を持てないと、母音へ、子音へと進んでもしかたがありません。母音、子音がマスターできないと3ビートのマスターは不可能です。

特に最初の2つのセクション（レッスン5まで）を大切にしてください。喉の使い方、呼吸の工夫を学びます。英単語も出てこない地味な練習ですから、次に早く進みたくなるかもしれませんが､じっくり取り組みましょう。最初は少しむずかしいかもしれませんが、喉を響かせることさえ覚えれば､その後で勉強する母音も子音も簡単にマスターできます。喉を響かせることがすべての基本だからです。

従来の教材の使い方とどう違うでしょうか。従来の教材は、説明が少なめな割には、シンプルな練習がたくさん載っています。その本全体を何回も繰り返すと、発音が上達するという甘い考えがありました。学習者も、何回も全体を繰り返して練習できる教材を求める傾向があります。これは受験勉強のメンタリティです。何回も繰り返したところで、できないものはできるようになりません。発想を転換してください。

どうしたら、次のセクションに進んでよいかが自分でわかるでしょうか。まず、自分自身を自分の「先生」と考えてください。他人に教えることができるぐらいの自信がついたら、次のセクションに進んでもOKです。

喉だけに集中し、お手本の音をまねる

本書を読んで、「具体的な舌の動かし方の絵が少ないからわかりにくい」と考える人もいるかもしれませんが、大切なのは喉だけです。口の中の動きは音にはあまり大切ではあ

りません。「子音だと、そうはいかないだろう」と思われるかもしれませんが、心配はいりません。日本語の子音は喉で響かせるだけで英語の子音と同じになりますから、舌の動きを勉強しなくてよいのです。極端に言うと、「あっかんべー」と舌を出した状態でも、英語のほとんどの音を発音することができます。また、日本人にとってまったく新しい舌の動かし方を必要とする英語の子音は、数えるほどしかありません。

発音練習は1日20分以内に

皆さんは、喉を響かせてしゃべることに慣れていません。喉を使いすぎると、痛めてしまいます。慣れるまでは、1日の発音練習を20分以内にしてください。**(喉が痛くなってしまう前に練習を切り上げなければいけません。喉が痛くなる寸前にやめるのではなく、十分ゆとりをもって早めに切り上げてください)**。

特に声を大きく出す時は気をつけてください。日本人は音量を出す時に、声帯に力を入れます。喉発音でこれをしてしまうと確実に喉を痛めます。英語ネイティブは声帯をリラックスさせたまま音量を上げます。またその際に吐く息の量を増やします。このことは本書でくわしく解説しますが、それを理解するまでは、大きな声を出すことは控えてください。

練習前の発音を録音しておこう

皆さんの英語はおおいに変わります。レッスン1の発声練習を始める前に、皆さんの発音を、以下の素材を使って、録音しておいてください。この素材は練習用素材として、ドリル章の最後でもう一度登場します。本書使用前と使用後の録音を比べることで、ネイティブメソッドの威力を確認してください。

Bento box lunches are special to Japan. A bento is a lunch that has many dishes. The most typical bento has fish, other meats, rice, pickles, and different kinds of vegetable dishes. Some kids take them to school. Some people take them to work for lunch. People love them. Some busy people buy them at convenient stores and eat them for dinner. You can even buy a bento before taking a train trip.

さあ「ネイティブメソッド」を始めましょう。

SECTION I

Throat □ のど
Breathing □ こきゅう
Vowels □ ぼいん
Consonants □ しいん
3-Beat □ スリービート
Drill □ 喉発音&3ビート ドリル
Resource Center □ 付録

Lesson 01

①②③④⑤

声を出す

日本語では、声を出すのに頼りにするのは舌や唇です。ですから、英語の発音練習も、「口の筋肉トレーニング」だと思いがちです。**実は、英語発音に最も大切なのは喉です。**「喉」とは、首の中にある喉全体を指します。喉をうまく使って、英語ネイティブと同じ声を出してみましょう。

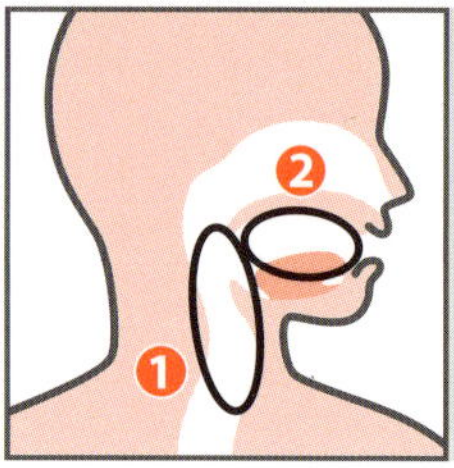

① 英語ネイティブ
② 日本語ネイティブ

日本人は音の90%を口で響かせます。喉での響きはたった10%です。英語ネイティブはまったく逆です。90%を喉で響かせます。

LISTEN まずは聞いてみよう

1…01

- 日本語の「あ」と英語ネイティブが言う「ア」を聞き比べてください。
- 次はささやきで発音したものを聞き比べてみてください。

なぜ音が違うのでしょうか。この秘密がわかれば、英語の音が聞き取れるようになり、発音もできるようになります。

NATIVE method ネイティブ・メソッド

ネイティブ発音をするためには、3つのコツがいります。1つ目のコツは、喉ブレーキをかけないことです。「喉ブレーキ」とは何でしょう？

実は、私たちは、音を短く切りながら日本語をしゃべっています。日本語の音はほとんどが短い音ですが、たまに伸ばす音があります。例えば「ケーキ」のケーは伸ばす音です。たまに伸ばす音があるからこそ、その他の音は短くしなければいけません（長い音は、他の音が確実に短いからこそ、長いと認知されるのです）。日本人の喉は大忙しです。1音ごとに、ブレーキをかけ、音の長さを調整しているのです。

どのようにしてブレーキをかけるのでしょうか。普通の会話の時は、喉を緊張させながら、音にブレーキをかけます。音を1つ1つ区切りながらしゃべる場合は、1音ごとに、喉を閉じて急ブレーキをかけます。

喉ブレーキをやめて英語を発音するためには、まず喉ブレーキの存在に気づくことが大切です。右の絵で喉ブレーキのかかる場所を確認しましょう。

2つ目のコツは、喉で音を響かせることです。喉を響かせるためには、喉ブレーキを使わないことはもちろんですが、それだけでは足りません。喉から力を抜いてみてください。リラックスさせると喉が響きの良い楽器に変わります。

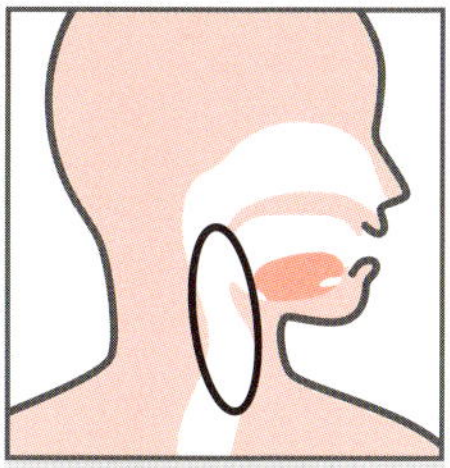

■ 喉ブレーキ

ここを緊張させて音を短くします。舌の奥で空気道を閉じてしまうこともあります。

喉は筋肉の壁からできていますが、緊張していると筋肉の壁が固くなり、音がうまく鳴りません（拍手の時、手のひらに力が入ると、音が響かなくなりますが、これと同じ原理です）。喉をリラックスさせるには、皆さんが温泉につかってリラックスしている時の喉を思い出してください。

喉をリラックスさせやすい姿勢もあります。肩をうしろ方向に少し張り、背中を少しだけそらせます。上半身の力を抜き、上半身の体重を腰で支えるようにしてください（レッスン5で復習します）。

3つ目のコツは、口を「単なる音の出口」と考えることです。繰り返しますが、英語発音の主役は喉です。集中力の90%を喉に、10%を口に注ぎましょう（聞く時も同じです。喉の音を聞きましょう）。

PEP TALK

がんばってがんばらない

英語発音では「がんばらない努力」が必要です。喉ブレーキをがんばってかけてしまわないように、喉をがんばってリラックスするように、また口のことをがんばって考えないようにしてください。

TALK まずは言ってみよう

1…02

▶ 練習1

無意識にかけていた喉ブレーキの存在に気づくことが練習の目的です。普通の日本語発音で「あ」が発音されるのを聞いて繰り返してください。

[あ　あ　あ　あ]

「ささやき」で言うと、「あ」と同時に「ぷつっ」という感じの喉ブレーキが聞こえます。CDの音に耳を澄ませることで、喉ブレーキの存在に気づいてください。お手本に続いて繰り返しましょう。

[ぷつっ　ぷつっ　ぷつっ　ぷつっ]

CAUTION

大きな声を出すと、気をつけていても喉を痛めてしまいます。日本人は、声を大きくする時に、声帯に力を入れてしまうからです。英語ネイティブは、声帯をリラックスさせたままで音量を上げることができます。また同時に吐く息の量を増やしましょう。

TRY !! MORE もっとやってみよう

1…03

練習2
日本語と英語の声の違いを理解しましょう。まずは、日本語の「あ」を言ってください。

[あ　あ　あ　あ]

次に英語ネイティブの方法で読みましょう。3つのコツを実践してください。

[ア　ア　ア　ア]

英語ネイティブの声には立体感があります。リラックスした喉は音を豊かに響かせることができます。

練習3
アイウエオをネイティブのやり方で、自信がつくまで繰り返してください。

[ア　イ　ウ　エ　オ]

ADVICE

低い声を使うと喉発音を練習しやすくなります。ただし、声を低くするから、喉発音ができるわけではありません。低い声は響きやすく、喉で音が響いているかどうかの確認が簡単なのです。喉発音に慣れたら、わざと低い声を出す必要はありません。とはいえ、喉発音だと、自然と音程が低くなるかもしれません。

Lesson 02 声のコントロール

①②③④⑤

英語ネイティブはなんと喉の2か所を、音によって使い分けています。「英語ってなんてむずかしいんだ！」と思われるかもしれませんが、実は皆さんも日本語をしゃべる時、口の中の2か所を使い分けているのです。下図では、日本語の音を響く場所によって分類してみました。これと似た要領で英語ネイティブも喉の2か所を響かせるのです。

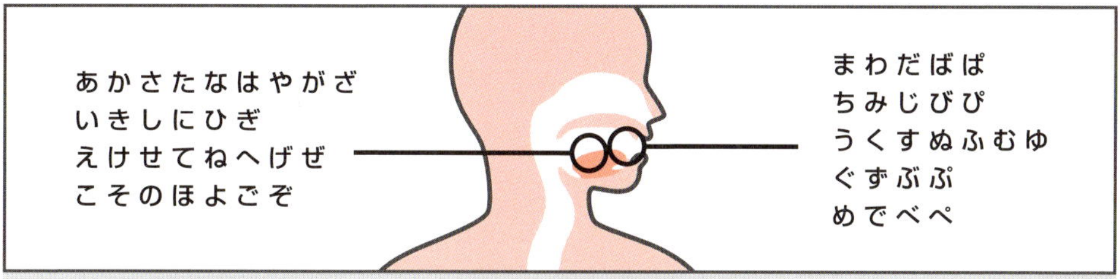

もちろん日本語も喉の声帯で声が出ますが、響く場所はおもに口です。口の前の方で響く音と、中央のあたりで響く音があります。

口はあまり響きの良い楽器とは言えません。口をスタジオと考えると、壁、床、天井は皮膚と硬い骨ですから、柔軟性がありません。そのため、日本語は、やや平たい音がします。英語は、柔軟性のある筋肉でできた喉で音を響かせます。そのために英語の声には立体感があるのです。

喉の2か所を豊かに響かせる方法を勉強します。

NATIVE method ネイティブ・メソッド

喉の2か所、アクビエリアとゲップエリアを使って音を響かせます。アクビエリアは、アクビをする時に動く筋肉の壁です。右の図で言うと、あごのラインあたりにあります。もう1つのエリアはゲップエ

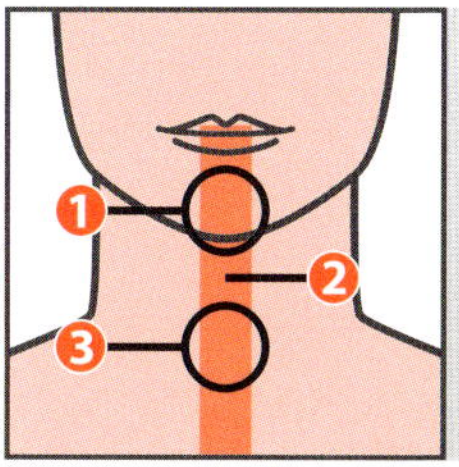

1 アクビエリア
2 声帯
3 ゲップエリア

喉で音をうまく鳴らすには、2つの場所を知ってください。アクビエリアとゲップエリアです。英語の1つ1つの音は、どちらかの場所で響きます。

リアです。これは、ゲップが出る時に動く筋肉の壁で、声帯の下にあります。ゲップの「泡」が首の途中で、音を出してはじけるあたりです。首と肩の線が交差するあたりがゲップエリアです。

LISTEN まずは聞いてみよう

1…04

下の単語をまずは、最初は日本語ふうに、2番目はアクビエリアで、3番目はゲップエリアで発音します。違いが聞き取れるでしょうか。

[おはよう　　オハヨウ　　オハヨウ]
[こんにちは　　コンニチハ　　コンニチハ]

CAUTION

喉発音の定位置はゲップエリア

皆さんはアクビエリアよりも、深い位置にあるゲップエリアの方での発音にてこずるかもしれません。実は、この感覚は逆でないといけません。深い場所をより自然に感じるのがネイティブ流です。なぜでしょうか。

英語ネイティブの喉は常にリラックスしていますから、引力のせいで、喉の筋肉が下方向にたるみがちです。そのせいで、どんな音でも発音の出発点はゲップエリアなのです。ゲップエリアを喉発音の「定位置」ととらえてください。喉の休み場所のようなものです。

ゲップエリア発音の音の場合は、定位置で発音されますから、ネイティブにとっては、非常に自然な発音になります。アクビエリア発音の場合は、定位置よりも上の場所で音を響かせることになります。このとき、喉は「よっこらしょ」と発音位置をアクビエリアに移します。アクビエリアで音を出したあと、そこで発話が終わるのであれば、喉の仕事は終わりです。発音位置が引力とともに、定位置であるゲップエリアにもどってくると考えてください。

床に寝転がって、ボールを天井に向けて投げるところをイメージしてください。ボールが手にある時は、ボールが定位置にあると言えます。ボールがその位置にあるのは、引力のせいであり、その場所は、ボールにとっては、休みの場です。天井に向かってボールを投げると、どうなるでしょう。一瞬は空に浮いていますが、ボールはやがて、定位置に落ちてきます。これも引力のせいです。喉発音もこれに似ています。どんな発話も喉の定位置から始まり、発話が終わると定位置に戻ってきます。

喉から完全に力を抜いて、「だらーん」とした感覚を感じられれば、自然に起こることですから、ほんとうは特別な練習はいらないのです。発想の転換で対応してください。

TRY !! MORE もっとやってみよう

1…05

練習1

息を吸いながら（！）しゃべる練習をします。これに成功すれば、喉発音を体験したことになります。声を出しながらでも息が吸えているのですから、喉ブレーキがかかっていないということです。また、息を吸いながらでは、口発音は不可能ですから、発音が自然と喉発音になります。一度でも、喉発音に成功すれば、首のつけ根から口までの部分を、長い楽器として自覚できます。この長い楽器の全体が響くように声を出しましょう。

［息を吸いながら　おはようございます］

喉をリラックスさせたままで、音をスムーズに出せましたか。喉を長い楽器として意識できましたか。

ADVICE

喉ブレーキをかけずに、リラックスして発声すれば誰でも成功します。音を出す時に、「喉の空気道を閉める必要はないんだ」と自分に言い聞かせましょう。英語ネイティブは誰でも、簡単にこの芸当ができます。日本人でも、赤ちゃんの時は、まだ喉発音ですから、息を吸いながらでも声が出せます。赤ちゃんが泣きじゃくる時、息継ぎで、しゃくりあげるような感じの音を出します。つまり、やろうと思えば、誰でもできるのです。自信をもってうまくできるようになるまで繰り返してください。

練習2

喉の2か所をうまく使うために、日本語の音「エ」で練習しましょう。息を吸いながらしゃべる練習を続けますが、普通の息づかいでしゃべる練習も加えます。
アクビエリアとゲップエリアを正確に使い分けることに集中してください。コツはゆっくり発音することと、慣れるまでは低い声を使うことです。

［息を吸いながらアクビエリア発音　エ　エ　エ　エ］
［普通の息使いでアクビエリア発音　エ　エ　エ　エ］
［息を吸いながらゲップエリア発音　エ　エ　エ　エ］
［普通の息使いでゲップエリア発音　エ　エ　エ　エ］

ゲップエリアとアクビエリアを正確に使って音を出すことができましたか。

◎ 練習3

さて、自信をつけるために、音に磨きをかけましょう。ここでは、普通の息使いによるトレーニングに戻ります。レッスン1で学んだ3つのコツを思い出して、英語ネイティブと同じように発音してみましょう。

[アクビエリアで発音　エ　エ　エ　エ]
[ゲップエリアで発音　エ　エ　エ　エ]

自然に声が出せているように感じたら、次に進んでください。

Lesson 03 ①②③④⑤

声を磨く

マミムメモにはいくつの音が含まれていますか。日本語話者にとっては当然、5つですね。実は、英語ネイティブにとっては、明らかに10音なのです。M-A-M-I-M-U-M-E-M-Oなのですから。どうしたら、ネイティブと同じように聞けて、言えるようになるでしょうか。

LISTEN まずは聞いてみよう

1…06

■ 本レッスンを読むと、音と音の間がはっきり離れて聞こえ出します。いまでもなんとなく、そう聞こえますか。

[日本語の　ま　み　む　め　も]
[英語の　マ　ミ　ム　メ　モ]

NATIVE method ネイティブ・メソッド

音の1つ1つを聞き取れて、発音できるようになるには、どうしたらよいでしょう。まずは喉ブレーキをかけないようにします。実は、喉ブレーキは音の後半だけでなく、最初の部分も切ってしまいます。喉ブレーキがかかっているところから音が始まるからです。日本語のマミムメモを図で表してみました。

■ 日本語発音

Mの頂上と母音の頂上がほとんど重なっています。山の前部と後部が削られて、真ん中だけが残っています。

英語では、音が削られません。音のすべてが、はじまりから終わりまで発声されます。つまり音が「完全なライフサイクル」を持ちます。例えていうと、英語音のライフサイクルは、人の人生に似ています。赤ちゃんとして生まれ、徐々に成長し、ゆっくりと年をとっていきます（日本語の音はどうでしょうか。日本語の音は、大人として突然生まれて、大人のまま突然消えます。音が完全なライフサイクルを持ちません）。

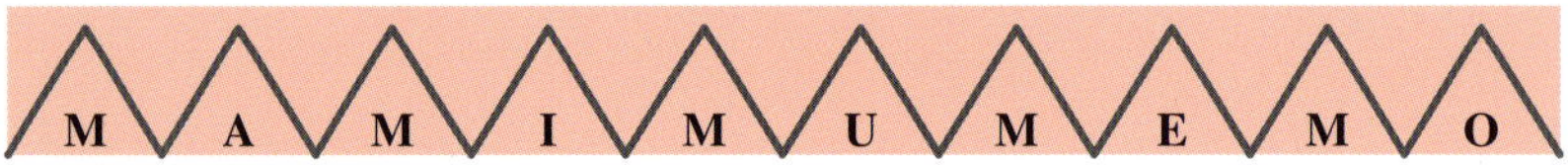

■ 英語発音

山登りに似ています。山のふもとから登り始めて、頂上を越えたら、下っていきます。山のふもとに着いても止まらずに、次の山を登り始めます。

KEYWORD リラックス口

　音を１つ１つ聞けて、発音できるようになるための、もう１つの秘密は、英語ネイティブとまったく同じ口のかまえ方をすることです。この口のかまえ方を、リラックス口（りらっくすぐち）と呼びます。

　下の絵を見てください。空気が肺から口の外に出る時、何のじゃまもない状態です。喉も口も両方開いているからです。舌も平らのままで、口が全体的にリラックスしています。

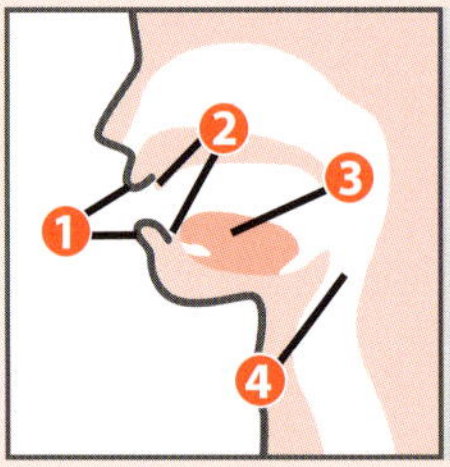

① 唇は開いていてリラックスしている
② 上歯と下歯の間が開いている
③ 舌は平らのままでリラックスしている
④ 喉は開いていて、リラックスしている

口は普通の形を保ちます。横に広げたりする必要はありません。

　このリラックス口から音を出しにいき、音が終わるたびにリラックス口に戻ります。音を出している間、つまり、リラックス口とリラックス口の間でも、口はリラックスしたままです。動かすからといって、舌や唇に力が入りません。

　一方、日本語の口のかまえ方は、「閉じた口の形」です。口のかまえ方の違いのせいで、日本語の音と英語の音はどう変わるでしょうか。日本語では、舌や唇がポジションにつくと同時に音が始まり、このポジションが解けると同時に終わります。英語では、音がやや早めに始まります。音が始まるのは、舌や唇がポジションにつく前からです。音が終わるのは、ポジションが解かれたあとです。

以上のことを下の絵で示しました。MA（マ）音を例にして、英語音と日本語音のライフサイクルの違いを示しました。

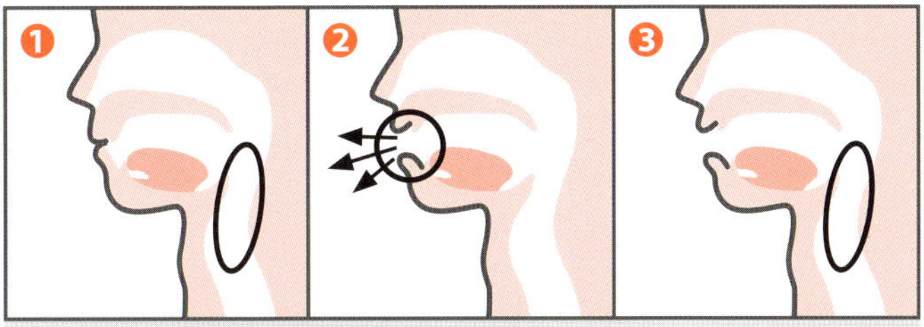

■ 日本語のMAのライフサイクル

1. 唇がくっついている。喉ブレーキがかかっている。
2. 唇がはずれると同時にMが発音され、直後にA（ア）が発音される。
3. 喉ブレーキがかかり音が切れる。

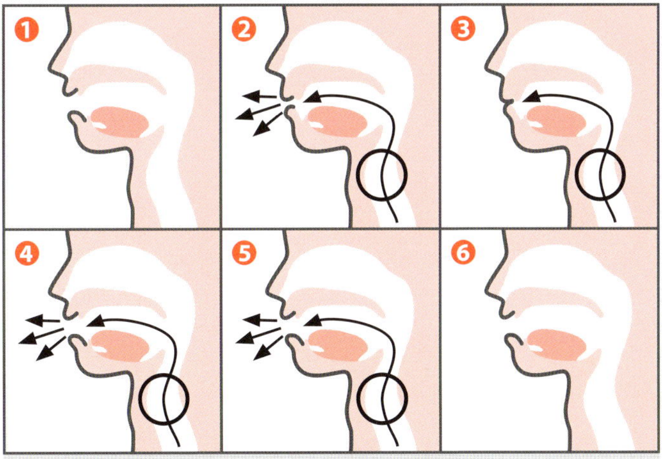

■ 英語のMAのライフサイクル

1. 唇がまだついていない。喉は開いたまま。
2. 喉の鳴る音（Mの出だし）が出始める。唇がくっついていく。喉は開いたまま。
3. 唇がくっつく。音は出続けている。
4. 唇がはずれる。A（ア）が発音され始める。喉は開いたまま。
5. A（ア）が出続けている。喉は開いたまま。
6. A（ア）の音が消えていく。喉は開いたまま。

KEYWORD ルート音

「英語のMA」の説明で、「Mの出だしで喉の鳴る音が聞こえる」としました。この音を「ルート音」と呼びます。ルート音は、喉の鳴る音なので、実際はどんな音においても、音の最初から最後まで鳴っています。どんな音にもルート音がありますが、特に、子音のはじまりの一瞬において、ルート音だけが目立って聞こえます。この部分がないと、不自然に音が切れたように聞こえます。

上のMの例で考えてみましょう。唇がくっつくまでの間に、私たちの耳には「ア」に似たような音がかすかに聞こえます。これは母音ではなく、あくまでも子音のルート音です。この音が、一瞬ですが、目立って聞こえるのはなぜでしょうか。リラックス口においては、口に力みがまったくないので、舌や唇は動作が鈍くなります。したがって、喉がルート音を出し始めた瞬間には、舌と唇はまだ位置についていません。そのために、一瞬の間、喉の鳴る音、つまりルート音だけが聞こえるのです（この音の音色は音によって異なることを覚えておいてください）。

イメージで理解しましょう。歯医者さんで麻酔をして、舌がうまく動かない時のしゃべり方をイメージしてしゃべってみてください。子音の最初のルート音をうまく出すことができます。

ADVICE

ルート音に気をつけなければいけないのは、おもに子音ですが、例外もあります。子音のS、H、W、Y、R、SHは、ルート音を気にしなくてもOKです。これらの音は、舌と唇が発音にまったく関係しないために、ルート音が、音そのものです。すべての母音も同じで、ルート音＝音そのものです。Mのように、舌か唇が発音に少しだけ大切になる音において、日本人は、ルート音を忘れがちになります。

TALK まずは言ってみよう

1…07

▶ ルート音が何かを理解しましょう。ルート音は当然、日本語にも存在します。舌と唇をまったく動かさなければ、ルート音だけが言えます。喉だけで音を響かせてください。

[おはようございます]
[こんにちは]

TRY !! MORE もっとやってみよう

1…08

日本語と英語のライフサイクルの違いを実感してみましょう。英語ふうに読む時は、喉ブレーキをかけないことと、英語ネイティブの口のかまえを忘れないでください。

練習1

日本語ふうに読んでください。

[きもの]

英語ふうに読んでください。

[K-I-M-O-N-O]

英語の方は、音と音との間がはっきりと離れて聞こえますか。

練習2

以下のひらがな行を英語ネイティブふうに読みましょう。

[K A K I K U K E KO]
[M A M I M U M E M O]
[B A B I B U B E B O]
[P A P I P U P E P O]

練習3

英語ネイティブも知っている日本語で練習を続けます。英語ネイティブがそうするように、音と音の間が少し離れるように発音してください。

[K O I Z U M I]
[W A S A B I]
[F U T O N]
[E D A M A M E]
[J U D O]

SECTION II

Throat □ のど

Breathing □ こきゅう

Vowels □ ぼいん

Consonants □ しいん

3-Beat □ スリービート

Drill □ 喉発音&3ビート ドリル

Resource Center □ 付録

Lesson 04 呼吸を使う

①②③④⑤

私たち、日本語話者には「息が音の大切な一部である」という感覚があまりありません。英語では、息は大切な音の材料です。

KEYWORD このレッスンで出てくるキーワード

←020 リラックスロ

LISTEN まずは聞いてみよう

1…09

■ 息の使い方に注目して、日本語と英語なまりの日本語を聞いてください（違いがわかりやすいように、録音ではややおおげさな息使いにしました）。

（日本語）
（英語ネイティブが、英語なまりでしゃべっている日本語）

英語ネイティブの発話は、音が、息とともに流れ出てくる感じです。息継ぎの音も大きいですね。なぜでしょう。

NATIVE method ネイティブ・メソッド

息が音と一緒に流れるような感じで、自然に息を出しましょう。「自然に」ですから、無理に息を押し出したり、息の勢いを音によってわざと変えようとしてはいけません。

息は音の一部です。息が１つ１つの音を運んでいる様子をイメージしてください。息がなぜ大切なのでしょうか。息のおかげで、(1) 音の出だしと終わりの質がしっかりし、(2) 音の全体がスムーズになり、(3) 音と音がなめらかにつながります。息のおかげで、音はなめらかなライフサイクルを持つことができます。

息のおかげで音がスムーズにつながります。

自然に息をするためには、リラックス口から音を始めます。会話中は、息を自然に、また継続的に出します。息を出す時も、吸う時も、口と鼻の両方を使ってください。口は息を取り入れる量が多いので、口の方が鼻よりも主役のように感じるかもしれません。

TRY !! MORE もっとやってみよう

1…10

息の使い方に気をつけて練習します。息は音の一部です。息が音とともに流れ出しているのを聞き取ることに全神経を集中してください。

練習1

日本語ふうに読んでください。

[きもの]

英語ふうに読んでください。

[K-I-M-O-N-O]

練習2

以下のひらがな行を英語ネイティブふうに読みましょう。

[K A K I K U K E KO]
[M A M I M U M E M O]
[B A B I B U B E B O]
[P A P I P U P E P O]

練習3

英語ネイティブも知っている日本語でトレーニングを続けます。息が音の一部であることを意識しながら聞き取り、繰り返してください。

[KOIZUMI]
[WASABI]
[FUTON]
[EDAMAME]
[JUDO]

英語ネイティブにとって、息は音の一部です。このことに一度気づいてしまえば、これからは息の流れる音、息継ぎの音が聞こえるようになります。

ADVICE

英語においては、息を吸う時の音も、意外な意味を持ちます。「これからしゃべりますよ」とか「まだ話が終わっていませんよ」を意味します。皆さんは、ネイティブとのグループディスカッションで、ネイティブのしゃべりに圧倒されて、なかなか口をはさめなかったことがありませんか。ネイティブもあなたが息を吸いこむ音を聞けば、何か言いたがっているということを知り、あなたの方を向くでしょう。また会話の途中で、息継ぎの音が聞こえれば、英語ネイティブは、「話はまだ終わっていない」と理解し、口をはさむのを控えることでしょう。ただし、口と鼻の両方で息をすることを忘れないでください。ネイティブが反応するのは、おもに口から聞こえる息の音です。ネイティブは、相手が何か言うために、肺の中に空気をためているのだと、無意識のうちに察知します。これまで日本人は会話の時に鼻だけで息をしていたから、外国人に勘違いされてきたのです。「日本人はおとなしいなあ。静かだなあ」と。

話そうとして息を吸い込んでも、たまたま会話の機会を逃すことがありますが、外国人は、「さっき、何か言おうとしましたか」とあとでフォローしてくれるでしょう。

Lesson 05 正しい呼吸のための姿勢

①②③④⑤

「英語ネイティブは腹式呼吸をしている」という勘違いがあります。英語の音の響きが違うので、「日本人と違う呼吸法をしているに違いない…」という思い込みから生まれた勘違いでしょう。ずばり、英語ネイティブの呼吸法は、日本人と同じ胸式呼吸です。ただし会話中は、日本人よりも深めに呼吸します。やや深めの「胸式呼吸」を自然に実践するには、欧米において「良い姿勢」とされている姿勢を学ぶとうまくいきます。

THINK まずは考えてみよう

英語ネイティブ、あるいはいわゆる欧米人の姿勢が日本人と違うと感じたことはありませんか。もちろんいつもというわけではありませんが、少し「かっこをつけている」感じがすることがあります。彼らにしてみれば、気取っているわけではなく、単なる普通の姿勢です。英語の発音方法とどう関係しているのでしょうか。

NATIVE method ネイティブ・メソッド

英語ネイティブと同じ発音をするには、胸式深呼吸をします。この呼吸法を自然に実践するために、英語ネイティブの標準姿勢をまねてみましょう。

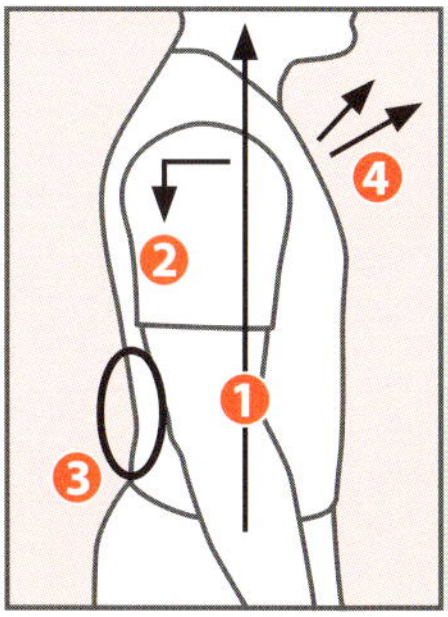

■ **英語ネイティブの標準姿勢**

① まっすぐ立って、首、頭を上方に伸ばす。
② 肩はややうしろ気味にし、やや下方に下げる。
③ 結果として、背中の下の方がそり気味になり
④ 胸が少し前と上向きに出る。

ネイティブがいつもこの姿勢をとっているわけではありませんが、深めの胸式呼吸をやりやすくし、英語発音をうまくサポートしてくれるのが、この姿勢です。

無理な力は入れず、リラックスします。上半身の力を抜き、その体重を腰だけで支えます。足の方も、リラックスしたままで立ちます。ももにあまり力が入らないようにしますが、日本人の姿勢のままだと、よろけてしまいます。上半身を前頁で説明した姿勢にすれば、バランスがとれます。両足の間に間隔をとると、この姿勢が保ちやすいかもしれません。身長にもよりますが、背が低い人は足幅の2倍、背が高い人は3倍の距離をとると自然です（これは欧米の軍隊における「休め」の姿勢です）。

姿勢に気をつけると、体がリラックスし、肺のスペースを最大限に使って呼吸することができます（座っている場合は、足の方は自動的にリラックスしますから、上半身だけを気にしてください）。

以上ができていれば、息をするたびに、やや大きめに胸が浮き沈みします。成功しているかどうかの目安にしてください。

TRY !! MORE もっとやってみよう

1…11

レッスン3、4とまったく同じ素材を使って練習します。リラックス口、息の使い方、姿勢のすべてに気をつけて練習してください。鏡の前で胸の浮き沈みを確認しながら、練習するとよいでしょう。

練習1

日本語ふうに読んでください。

[きもの]

英語ふうに読んでください。

[K-I-M-O-N-O]

練習2

以下のひらがな行を英語ネイティブふうに読みましょう。

[KAKIKUKEKO]
[MAMIMUMEMO]
[BABIBUBEBO]
[PAPIPUPEPO]

練習3

英語ネイティブも知っている日本語でトレーニングを続けます。

[KOIZUMI]
[WASABI]
[FUTON]
[EDAMAME]
[JUDO]

息の使い方に慣れたら、次のセクションに進んでください。次のレッスンからは個別の音の勉強をします。

ADVICE

英語ネイティブの標準姿勢はコミュニケーション自体も助けます。欧米言語の文化においては、上で勉強した標準姿勢はフレンドリーさを表します。逆に、日本人の姿勢は「硬い」印象を与えます。残念ながら、硬い姿勢は、英語文化においては、不安、怒り、不快感を意味します。これは、コミュニケーションの障害となることがあります。例えば、外国人との会話の時に、硬い姿勢を貫くと、相手は、あなたとのアイコンタクトを避けてしまいがちになるかもしれません。

日本語でも同じです。欧米人が日本人と日本語をしゃべる時には、日本人と同じ姿勢をとるとコミュニケーションが円滑になることでしょう。日本人の姿勢は、謙虚さを強調しますが、この雰囲気をマスターした外国人に対して日本人は親近感を持つでしょう。欧米人の姿勢は「かっこをつけている」と勘違いされてしまうかもしれません。

姿勢までまねをする必要はないと思われるかもしれません。もっともな意見です。ただし、言語の種類にかかわらず、姿勢でさえ、言葉以上のニュアンスを相手に伝えてしまうことがあります。国際コミュニケーションの場においては、この言語を超えたコミュニケーションのルールを知った上で、その場に最も適した姿勢を使うとよいでしょう。

SECTION III

Lesson 06

①②③④⑤

日本語にもある母音

A　I　U　E̲　O
ア　イ　ウ　エ　オ

従来は、ほとんどの英語の音は日本語にはないと考えられてきました。実は英語の母音の半分以上が、すでに日本語の音にあります。日本語にある音を、喉で発音すればよいだけなのです。

KEYWORD このレッスンで出てくるキーワード

←020 リラックスロ

発音記号について

日本語にもある音には大文字を使います。日本語にない音には小文字を使います。ゲップエリアの発音記号には、下線を引きました。「喉の下の方で発音する」という意味です。アクビエリアの発音には上線を引くところですが、すべての記号に線を引くのは大変です。下線が引いてなければ、アクビエリア発音ということにします。

LISTEN まずは聞いてみよう

1…12

■ 英単語を1度目はカタカナで、2度目はネイティブのやり方で読みます。違いが聞こえますか。

[A　I　U　E̲　O]
[COPY　KEEP　COOL　KEPT　COAL]

NATIVE method ネイティブ・メソッド

喉 これだけでネイティブ度90%

これら5つの母音は、日本語のアイウエオと同じ音です。ただし、アクビエリアを響かせて発音します。エだけは、アクビエリアでもゲップエリアでも発音OKです（ですからエには上線と下線の両方を引きました。どちらで発音しても英語ネイティブの耳には同じ音として認知されます）。

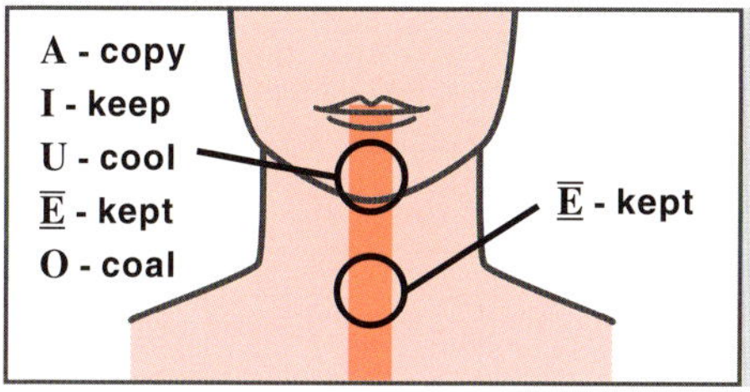

■ 喉ダイアグラム
母音と喉発音エリア

口 ネイティブ発音まで残りの10%

口の基本は、リラックス口です。喉発音をするために喉をリラックスさせると、自然と口の方もリラックスします。舌や唇に、「だらーん」とした脱力感を感じていれば成功です。

TRY !! MORE もっとやってみよう

1 … 13

練習1

以下の単語を聞いて、繰り返してください。

[A]	copy	sock	talk	[I]	keep	seen	team
[U]	cool	soon	two	[O]	cold	sold	told

練習2

「エ」を最初はアクビエリア発音で、2回目はゲップエリア発音で練習します。指を首に添えて、喉のどこを響かせればよいかを意識してください。

[Ē̲]　kept　cent　ten

練習3

文章で練習しましょう。

Keep the pen.
I Ē

The water is hot.
A A

I got a new phone.
A U O

I will be gone by noon.
I A U

POWER LISTENING

1…14

◆A

単語が2つずつ読まれます。それぞれの単語に含まれる母音が、AかOのどちらであるかを聞き取ってください。答えは、AかOをかっこの中に書きこんでください。

1：(　　　)　(　　　)　　2：(　　　)　(　　　)
3：(　　　)　(　　　)　　4：(　　　)　(　　　)

◆B

単語が5つ読まれます。それぞれの単語に含まれる母音がAかOかを聞き取ってください。答えは、AかOをかっこの中に書きこんでください。

(　　　)(　　　)(　　　)(　　　)(　　　)

答え

◆A

1：A, O　(got, goat)　　2：A, O　(law*, low)
3：O, A　(note, not)　　4：A, O　(sock, soak)

*lawの発音は厳密には［lAu］です。レッスン11で勉強します。

◆B

A, A, O, A, O　(off, on, go, mop, no)

音のライフサイクル

リラックスした喉で音を響かせることができれば、音の両端が切れませんから、音が完全なライフサイクルを持ちます。音の「立ち上がり」、「中間」、そして「終わり」をゆったりと感じ取ってください。息をコンスタントに出して、音のライフサイクルをなめらかにしましょう。

CAUTION

Iを発音記号として使いましたが、実は、これはベストの選択ではありません。ネイティブは、スペリングにIを見た時、普通、AI（レッスン10）か、i（レッスン8）と読むかのどちらかです。練習に使った単語、keep、seen、teamでわかるとおり、つづりとしては、この音を普通EEとかEAで表すようです。とはいえ、ローマ字では、イと言えば、Iです。日本人にとっては覚えやすいので、本書ではこの音をIで表記することにしました。

CAUTION

「日本語の多くの音が英語の音と同じだ」ということが信じられないかもしれません。日本語の音は口発音なので、前後が切れてはいます。とはいえ、英語の音と違うわけではありません。イメージで理解しましょう。巻き寿司の端が切ってあっても、切ってなくても同じ巻き寿司です。これと同じ理屈です。発想の転換をしましょう。根本的にはまったく同じ音です。本レッスンで学んだ音に関しては、音をつくる器官である声帯の働きがまったく同じなのです。

ネイティブの立場から見ると、このことは明らかです。なぜでしょうか。厳密には、英語ネイティブの音も10％ぐらいは口で響いています。喉が痛い時は、口で音を響かせることがあります。そういうわけで、英語ネイティブは、口発音を感覚的に知っているのです。例えば、日本語を勉強したネイティブは、英語音の前後を切り、口の中で音を響かせれば、日本語の発音がうまくできることを知っています。

CAUTION

Oについて

Oは従来の辞書ではOUと勘違いされています。日本語話者の感覚では、オのあとにウが聞こえるかもしれませんが、この微妙な音はWです。喉の定位置がゲップエリアであるために、Oのあとに弱いW音が生じてしまうことがあるのです。そもそも英語ネイティブの発音するUは、とてもはっきりした音です。「いまのはUかな」と迷うようならば、Uではないと考えてください。

copyやtalkの母音がアと同じだと聞いて、戸惑う人もいるかもしれません。従来は、オと思われてきました。この勘違いはイギリス英語の影響からくるのでしょう。イギリス人の発音するtalkは、日本人には「トーク」に聞こえます。最初は、アメリカ人の発音でも、微妙にオに近く聞こえるかもしれません。とはいえ、イギリス人もアメリカ人も、この単語をオと思って発音してはいません。英語ネイティブのオの音は、間違える余地がないほど、明らかにオです。「アかなオかな」と迷うようであれば、オではないと考えましょう。

本書のやり方は、アメリカの全国放送のニュースで使われている英語の正しい発音方法です。英語には、いろいろな種類がありますが、それは、個々の音が、英語の種類によって違うことが原因です。音が違う原因にはいろいろありますが、1つの大きな理由は、喉発音エリアの違いです。例えば、アメリカの標準的な英語においてOはアクビエリア発音ですが、イギリス英語においては、ゲップエリア発音になります。

Lesson 07 日本語にない母音（1）

①②③④⑤

a　a

　これまで1つの音と誤解されていたのですが、実は2つの音が存在します。従来は、「アとエの中間音を出すとよい」とされました。しかし、発音記号に小文字を使ったことでわかるとおり、日本語にはない音です。したがって、日本語の音を手がかりにしても、正しい発音はできません。喉発音でまねするだけで、簡単に正しい音を出すことができます。

KEYWORD このレッスンで出てくるキーワード

←020 リラックスロ

LISTEN まずは聞いてみよう

1 … 15

■ これまでは1つの音と思われていた2つの母音を比べてみましょう。音の違いが聞こえますか。

[a, a]　can't, cat

NATIVE method ネイティブ・メソッド

喉 これだけでネイティブ度90%

aのあとに、mかnがくる単語では、aを使います。アクビエリアでも最も上の部分を響かせて、お手本をまねましょう。それ以外の単語ではaを使います。この音はゲップエリアを響かせて音をまねてください。

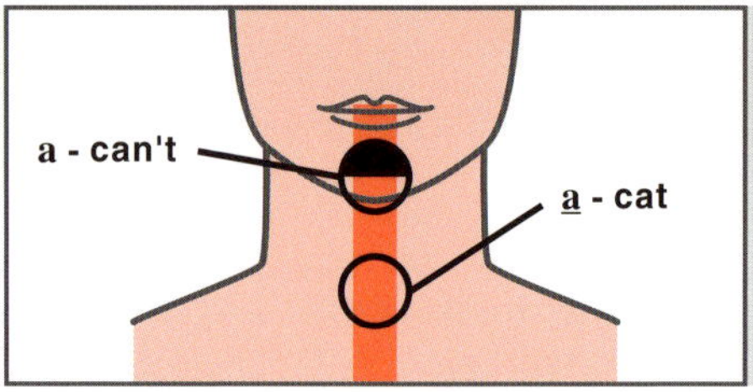

■ 喉ダイアグラム

aはアクビエリアの最も上の部分（塗りつぶされた部分）を響かせて、お手本の音をまねます。

CAUTION

まだ喉発音に慣れないうちは、喉の奥を使うa̲の方が、aよりもむずかしく感じることでしょう。この感覚が逆になってくると「ネイティブの勘」がついてきている証拠です。なぜでしょう。レッスン2で勉強したように、ゲップエリアこそが喉発音の定位置です。喉の定位置とは、喉が休む所です。音は常にゲップエリアから始まりますから、定位置を離れることなく発音できるa̲の方を、ネイティブは最も自然に（楽に）感じます。練習の時に、喉から完全に力を抜いていれば、自然と喉の定位置がゲップエリアになります。

口 ネイティブ発音まで残りの10%

口に関しては、何も意識しなくてもOKです。口の基本は、よリラックス口です。

TRY!! MORE もっとやってみよう

1…16

練習1

以下の単語を聞いて、繰り返してください。

[a]　**and**　**man**
[a̲]　**at**　**map**

練習2

a とa̲を含む文章で練習しましょう。

I used that pan.
　　　　a̲　　a

My aunt is mad.
a a̲

My dad has a fat cat.
a̲ a̲ a̲ a̲

Dan and I ran by the bank.
a a a a

POWER LISTENING

1…17

◆A

単語が2つずつ読まれます。それぞれの単語に含まれる母音が、aかa̲のどれであるかを聞き取ってください。

1：(　　　)　(　　　)　2：(　　　)　(　　　)
3：(　　　)　(　　　)　4：(　　　)　(　　　)

◆B

名前が7つ読まれます。それぞれに含まれる母音がaかa̲かを聞き取ってください。

(　　　)(　　　)(　　　)(　　　)(　　　)(　　　)(　　　)

答え

◆A

1：a̲, a　(map, man)　2：a, a̲　(ham, hat)
3：a, a̲　(can, cab)　4：a̲, a　(sack, sand)

◆B

a̲, a, a, a̲, a, a̲, a
(Matt, Andy, Dan, Alex, Pam, Abby, Mandy)

音のライフサイクル

リラックスした喉で音が響いていれば、音の両端が切れませんから、音が完全なライフサイクルを持ちます。音の「立ち上がり」、「中間」、そして「終わり」をゆったりと感じ取ってください。息をコンスタントに出し、音のライフサイクルをなめらかにしましょう。

日本語にない母音（2）

i

　これまでイとエの中間音として教えられてきましたが、これは間違いです。ゲップエリアを使って、正しい音を出しましょう。

KEYWORD このレッスンで出てくるキーワード

←020 リラックスロ

LISTEN まずは聞いてみよう

1…18

■ iがIやEとどう違うか、聞いてみましょう。

[i]　**kiss**　I　E

NATIVE method ネイティブ・メソッド

喉 **これだけでネイティブ度90%**

ゲップエリアを使い、お手本の音をまねてください。この音は、ゲップ位置でも最も深いあたりを響かせます。少しでも浅い位置を響かせてしまうと、日本語のエに似てしまいます。注意してください。少しだけ、がんばりが必要です。

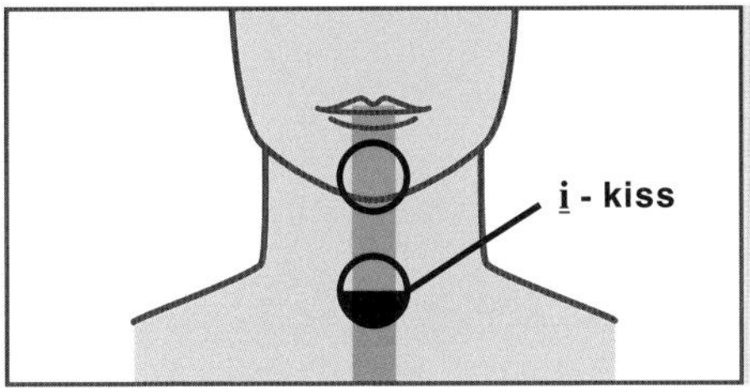

■ 喉ダイアグラム

ゲップ位置の最も深い場所（塗りつぶされた部分）で音を響かせましょう。

PEP TALK

以下のことは読んだだけでは、ピンとこないかもしれません。とりあえずは、頭の中だけで理解をして、練習の時に確認してください（自転車に乗る練習に似ています。まずは乗ってみないとピンとこないことがたくさんあります）。とにかく読んでみましょう！

KEYWORD ゲップポップ

正しく発音できているかを、どうしたら確認できるでしょうか。もし、喉をリラックスさせたまま、ゲップエリアの深い部分で音を響かせていれば、ゲップエリアの筋肉が自然とかすかに動きます。くわしく言うと、ゲップエリアにおいて、(1) 空気道が一瞬だけ広がるような感じで筋肉が動き、(2) ポップコーンがはじけたような小さな感覚が走ります。この現象をゲップポップと呼びます。下の絵を参考にしてください。

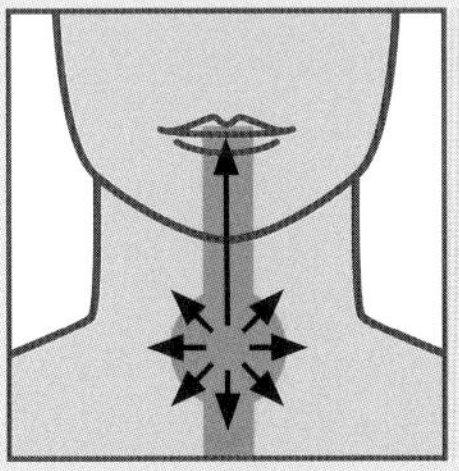

■ 喉の筋肉の動きと空気の小さな炸裂

ゲップエリアの筋肉が膨張するような感じで小さく動きます。

このゲップポップは非常にかすかな感覚です。ゲップポップを感じるには、喉の力がゼロになるほど力を抜きます。脱力のコツがあります。まずは喉から力を抜ききれるまで抜きます。次に、そこまで抜いた力ぐらいの力をさらに抜きます。喉がこれ以上リラックスできない状態で発音すれば、ゲップポップが確実に起こります。

それでも、ゲップポップが感じられないとすると、それは、響かせる位置が浅いからでしょう。喉の奥の最も深い部分を響かせましょう。

目でも確かめてください。発音時にゲップエリアの筋肉が左右にかすかに動きます。毒蛇のコブラが首を横に膨らませる感じに少し似ています。わざとではなくて、音につられて動いたという感じです（青年以上の男性の場合は、首の筋肉が左右に動くのに合わせて、喉仏が下方向に5ミリほど動きます）。

PEP TALK

いますぐ、ゲップポップがわからなくても、あせらないでください。次のレッスンでも、ゲップポップを勉強します。また、子音のセクションでは、アクビポップが登場します。どの音で、ポップを理解したかが、人によって違うようです。

ネイティブ発音まで残りの10%
口に関しては、何も意識しなくてもOKです。口の基本は、リラックス口です。

TRY !! MORE もっとやってみよう

1…19

練習1

単語で練習しましょう。ゲップエリアのいちばん下の部分に指を添えておくことで、その部分を響かせるための目安としてください。

[i]　if　kiss　ship　sit

練習2

iとIの違いに注意しながら、繰り返してみましょう。

I sit on the seat.
i A I

Sheep are in the ship.
I A i i

If only I can keep the kitten.
i O a I i i

I'm leaving the town I lived in.
I I i i

POWER LISTENING

1…20

◆A

単語が3つずつ読まれます。それぞれの単語に含まれる母音が、i、I、Eのどれであるかを聞き取ってください。答えは、i、I、Eを、聞いた順番にかっこの中に書きこんでください。

1：(　　　)　(　　　)　(　　　)
2：(　　　)　(　　　)　(　　　)
3：(　　　)　(　　　)　(　　　)
4：(　　　)　(　　　)　(　　　)

◆B

単語が10個、連続して読まれます。それぞれの単語に含まれる母音が、i、I、Eのどれであるかを聞き取ってください。答えは、i、I、Eを、聞いた順番にかっこの中に書きこんでください。

(　　　)(　　　)(　　　)(　　　)(　　　)
(　　　)(　　　)(　　　)(　　　)(　　　)

答え

◆A

1：i, I, E　(sit, seat, set)
2：E, i, I　(ten, tin, teen)
3：E, I, i　(met, meet, mit)
4：I, E, i　(beat, bet, bit)

◆B

i, I, I, E, i, i, i, I, E, i
(pit, leave, eat, meant, live, pitch, it, peach, pet, mint)

音のライフサイクル

リラックスした喉で音が響いていれば、音の両端が切れませんから、音が完全なライフサイクルを持ちます。音の「立ち上がり」、「中間」、そして「終わり」をゆったりと感じ取りながら練習してください。息をコンスタントに出すことで、音のライフサイクルをなめらかにしましょう。

Lesson 09 ①②③④⑤

日本語にない母音（3）

u　u̲

u̲はcutに、uはcookに登場する音です。従来の方法は、u̲は「口を小さめに開いて出す音」とし、uもまた「唇を少し丸める」とされてきました。気がついてみると、あたりまえのことですが、口の開きぐあいは英語の音には関係しません。従来の方法では、これらの音の発音は不可能だったのです。

KEYWORD このレッスンで出てくるキーワード

←020 リラックス口

LISTEN まずは聞いてみよう

1…21

■ 2つの音を聞き比べてみましょう。違いがあることがわかりますか。

[u, u̲]　　**cook, cut**

NATIVE method ネイティブ・メソッド

喉 **これだけでネイティブ度90%**

u̲は、ゲップエリアでも最も深い部分を響かせることでお手本の音をまねましょう。uは、u̲に少し似た音を、アクビエリアで響かせて発音します。

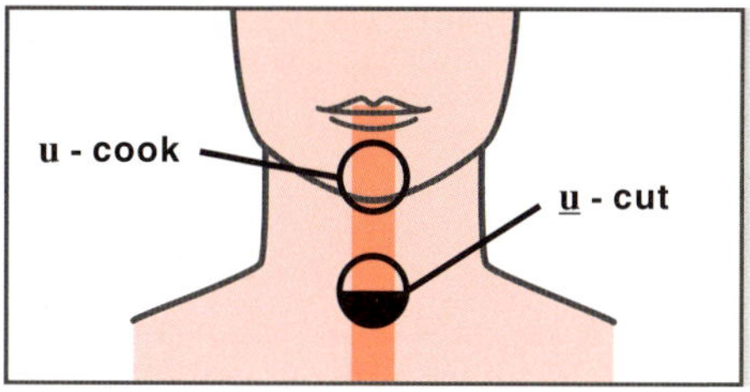

■ 喉ダイアグラム

uはゲップ位置の最も深い場所（塗りつぶされた部分）で音を響かせましょう。

前レッスンのiで説明したゲップポップが、uにも起こります。練習の時に確認してください。

口

ネイティブ発音まで残りの10%

口に関しては、何も意識しなくてもOKです。口の基本は、リラックス口です。

TRY!! MORE もっとやってみよう

1…22

練習1

音を聞いて繰り返してください。指をゲップエリアの深い部分あたりに添えて、その部分を響かせるための目安としてください。ゲップポップが起こることを確認しましょう。

[u]　**cut　up　of**

練習2

音を聞いて繰り返してください。アクビエリアを響かせます。

[u]　**cook　took　book**

練習3

以下はレッスン6で勉強したAとuの混じった文章です。区別ができるかどうか聞いて、発音してみてください。

It is hot in the hut.
i i A i u u

I have coffee in my cup.
a A I i u

I don't **watch** **soccer** **much**.
O A A u

I **wanted** to know **what** time it **was**.
A U O u i u

練習4

以下はuとUの混じった文章です。区別ができるかどうか聞いて、発音してみてください。

I **took** the **tools** outside.
u u U

I **put** the chair by the **pool**.
u u u U

Look, there is my friend **Luke**.
u i E U

I **booked** my flight at the ticket **booth**.
u a u i i U

Power Listening

1 … 23

◆A

単語が2つずつ読まれます。それぞれの単語に含まれる母音が、Uかuのどちらであるかを聞き取ってください。

1：(　　　)　(　　　)　2：(　　　)　(　　　)
3：(　　　)　(　　　)　4：(　　　)　(　　　)

◆B

単語が2つずつ読まれます。それぞれの単語に含まれる母音が、uかAのどちらであるかを聞き取ってください。

1：(　　　)　(　　　)　2：(　　　)　(　　　)
3：(　　　)　(　　　)　4：(　　　)　(　　　)

◆C

単語が8個、連続して読まれます。それぞれの単語に含まれる母音が、A、U、u、$\underline{u}$ のどれであるかを聞き取ってください。

(　　　　)(　　　　)(　　　　)(　　　　)
(　　　　)(　　　　)(　　　　)(　　　　)

答え

◆A

1：**U, u**　(**boot, book**)　2：**u, U**　(**hook, who**)
3：**U, u**　(**goose, good**)　4：**u, U**　(**cook, cool**)

◆B

1：**$\underline{u}$, A**　(**none, not**)　2：**$\underline{u}$, A**　(**gut, got**)
3：**$\underline{u}$, A**　(**much, mom**)　4：**A, $\underline{u}$**　(**talk, touch**)

◆C

A, U, u, $\underline{u}$, u, A, $\underline{u}$, U
(**dog, tool, wood, such, foot, walk, run, soon**)

音のライフサイクル

リラックスした喉で音が響いていれば、音の両端が切れませんから、音が完全なライフサイクルを持ちます。音の「立ち上がり」、「中間」、そして「終わり」をゆったりと感じ取りましょう。息をコンスタントに出し、音のライフサイクルをなめらかにしましょう。

! CAUTION

日本人にはアに聞こえる音の発音記号に$\underline{u}$が使われていることに戸惑われたかもしれません。発想の転換をしましょう。英語ネイティブにとっては、$\underline{u}$とuは、すでに勉強したUに似ています。これら3つの音は兄弟のようなものです。ある音からある音への移行が簡単であれば、その2つの音は兄弟です。Uから$\underline{u}$に音をつなげるのは英語ネイティブにとっては簡単です。同じU兄弟だからです。しかし、Aから$\underline{u}$だと、ほんの少しだけ努力がいります。音が確実に変わったという感じがします。A兄弟の音からU兄弟の音への移行だからです。$\underline{u}$が日本語のアに似ているという感覚を捨てると、正しいネイティブの勘がつきます。

Lesson 10
①②③④⑤

日本語にもある音によるカップル母音

AI　IU　OI

従来の音声学では、二重母音と呼ばれています。なぜか、2番目の母音を弱く読めば、自然に言えると指導されてきましたが、これは誤解です。音の強さが問題ではありません。喉発音でマスターしましょう。

KEYWORD このレッスンで出てくるキーワード

←020 リラックスロ

LISTEN まずは聞いてみよう

1…24

■ まずはカタカナで、次に英語ネイティブと同じやり方で読みます。違いが聞けるでしょうか。

[AI, IU, OI, kite, cube, coin]

NATIVE method ネイティブ・メソッド

喉 **これだけでネイティブ度90%**

基本母音を2つ並べ、喉発音でお手本の音をまねます。2つの音は、音と音の間をスムーズにすることで、1つのつながった音に聞こえるようにします。

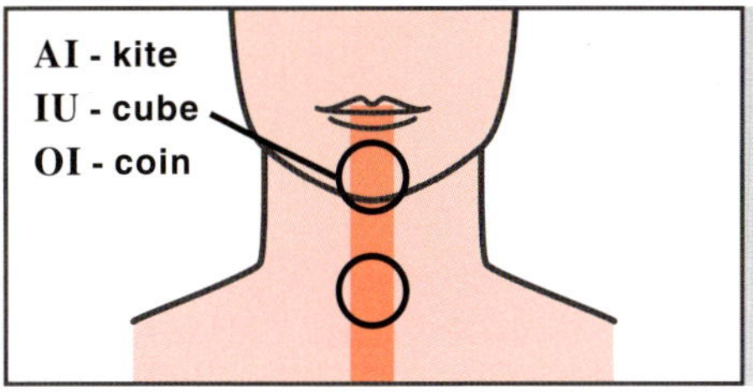

■ 喉ダイアグラム

口 ネイティブ発音まで残りの10%
口に関しては、何も意識しなくてもOKです。口の基本は、リラックス口です。

TRY!! MORE もっとやってみよう

1…25

練習1
音を聞いて繰り返してください。

[AI]	kite	type	night
[IU]	cube	few	beauty
[OI]	coin	toy	noise

練習2
AIを文章で練習してみましょう。

I like pies.
AI AI AI

Hi. Are you all right?
AI A U A AI

May I buy you coffee?
AI AI U A I

There is moonlight at night.
i U AI a AI

練習3
IUを文章で練習してみましょう。

What a **beautiful** **view**!
u u IU i u IU

There are a **few** people here.
A u IU I I

Are you going to the **reunion**?
A U O I U u IU u

The **hue** of the rainbow is **muted**.
u IU u u O i IU i

練習4

OIを文章で練習してみましょう。

Soy beans grow in the **soil**.
OI I O i u OI

The **boy** played with a **toy**.
u OI i u OI

Joyce wants to be a **lawyer**.
OI A U I u OI

I study in here to **avoid** **noise**.
AI u I i I U u OI OI

音のライフサイクル

カップル音をなめらかにつながった1つの音としてとらえていれば、その音の全体が1つのライフサイクルを持ちます。リラックスした喉で音が響いており、2つの音をスムーズにつなげていれば、自然に起こることです。音の「立ち上がり」、「中間」、そして「終わり」をゆったりと感じ取ってください。息をコンスタントに出し、音のライフサイクルをなめらかにします。

Lesson 11
①②③④⑤

日本語にもある音と英語にしかない音のカップル母音（1）

Au　aU

従来の考え方では、Auはオのような音を長く伸ばすとされ、カップル母音であることさえ気づかれていませんでした。aUの方は、最初の母音のアの音が間違って教えられてきました。

KEYWORD このレッスンで出てくるキーワード

←020 リラックス口

CAUTION

個々の音としてはすでに本書で解説しています。Auの最初の音は日本語のアと同じです。それに続くuはcutやhutで現れます。aUの最初の音はcatや hatに現れます。それに続く母音は日本語のウと同じです。

LISTEN まずは聞いてみよう

1 … 26

■ 音が独特なのがわかりますか。

[Au, aU, caught, couch]

NATIVE method ネイティブ・メソッド

喉 **これだけでネイティブ度90%**

母音を2つ並べ、喉発音でお手本の音をまねます。

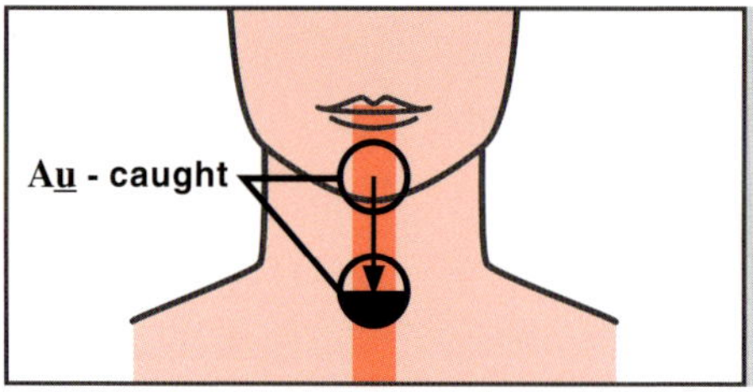

■ **喉ダイアグラム**

発音をアクビエリアから始め、ゲップエリアの深い地点（塗りつぶされた部分）まで移動させます。

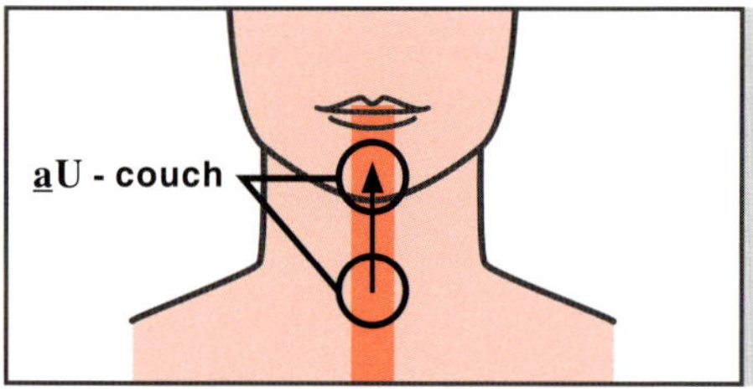

■ **喉ダイアグラム**

発音をゲップエリアから始め、アクビエリアまで移動させます。

カップル母音は2つの音からなりますが、音と音の間をスムーズにすることで、1つのつながった音に聞こえるようにします。ただし、音から音への移行がむずかしいかもしれません。喉の発音エリアが音によって異なるためです。発音エリアをあまりに正確に移動させようとするとむずかしくなります。発想を変えてください。発音エリアの中心を正確にねらう必要はありません。大切なのは、エリアを示す線の内側で音を響かせることです（とはいえ、Auのuの発音エリアが浅くならないように気をつけましょう）。

口 **ネイティブ発音まで残りの10%**

口に関しては、何も意識しなくてもOKです。口の基本は、リラックス口です。

TRY !! MORE もっとやってみよう

1 … 27

練習1
音を聞いて繰り返してください。

[Au]	caught	taught	yacht
[aU]	couch	south	house

練習2
Auを文章で練習してみましょう。

I fought hard.
AI Au A

I bought a yacht.
AI Au u Au

I caught the fish.
AI Au u i

I taught golf in the summer.
AI Au Au i u u

練習3
aUを文章で練習してみましょう。

I doubt it.
AI aU i

I am from the south.
AI a u u aU

In the house there is a mouse.
i u aU i u aU

I put the towels on the couch.
AI u u aU A u aU

POWER LISTENING

1 … 28

◆A

単語が2つずつ読まれます。それぞれの単語に含まれる母音が、O、A<u>u</u>のどちらであるかを聞き取ってください。

1：(　　　　) (　　　　)　　2：(　　　　) (　　　　)
3：(　　　　) (　　　　)　　4：(　　　　) (　　　　)

◆B

単語が5個、連続して読まれます。それぞれの単語に含まれる母音が、<u>a</u>U、U、O、A、A<u>u</u>のどれであるかを聞き取ってください。

(　　　　)(　　　　)(　　　　)(　　　　)(　　　　)

答え

◆A

1：**O, A<u>u</u>**　(**toll, tall**)　　2：**A<u>u</u>, O**　(**raw, row**)
3：**O, A<u>u</u>**　(**Joe, jaw**)　　4：**O, A<u>u</u>**　(**loan, lawn**)

◆B

U, <u>a</u>U, A<u>u</u>, A, O
(**super, south, soft, soccer, sold**)

音のライフサイクル

カップル音をなめらかにつながった1つの音としてとらえた上で、その音の全体に対してライフサイクルを持たせます。リラックスした喉で音が響いており、2つの音をスムーズにつなげていれば、自然に起こることです。音の「立ち上がり」、「中間」、そして「終わり」をゆったりと感じ取ってください。息をコンスタントに出し、音のライフサイクルをなめらかにしましょう。

Lesson 12 ①②③④⑤

日本語にもある音と英語にしかない音のカップル母音（2）

eI

これまで、まったく理解されていなかった音です。最初のエは日本語には存在しません。２番目のイは日本語のイと同じです。

KEYWORD このレッスンで出てくるキーワード

←020 リラックス口

LISTEN まずは聞いてみよう

1 … 29

■ まずはカタカナで、次に英語ネイティブと同じやり方で読みます。最初の母音が日本語のエとは少し違うことがわかりますか。

[eI, cake]

音色の違いのヒミツはネイティブ・メソッドで！

NATIVE method ネイティブ・メソッド

喉 これだけでネイティブ度90%

eはアクビエリアでも最も上の部分を響かせることで、お手本の音をまねします。Iは日本語のイと同じです。ただしeと同じで、アクビエリアの上の方で発音されますから、独特の響きを持ちます。これら２つの母音を喉発音し、音から音へのつながりをスムーズに読んでください。

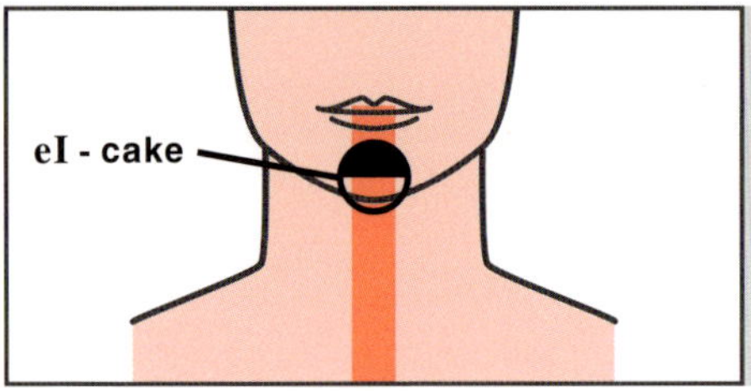

■ 喉ダイアグラム

アクビエリアの最も上の場所（黒く塗りつぶされた部分）で音を響かせましょう。

CAUTION

同じようにアクビエリアの上部分を使う音にはcanやmanで登場するaがありますが、似たような音質を持っています。「もっとやってみよう」の練習で比べてみましょう。

口 ネイティブ発音まで残りの10%

口に関しては、何も意識しなくてもOKです。口の基本は、リラックス口です。

TRY !! MORE もっとやってみよう

1…30

練習1

音を聞いて繰り返してください。

[eI]　cake　air　say　tape

練習2

Eとe Iの違いを意識しながら、繰り返してみましょう。

He kept being late.
I　E　I I　eI

I may get a raise.
AI eI　E u　eI

Please pay ten cents.
I　eI　E　E

Let's wait at the gate.
E̅ eI a̲ u̲ eI

◎ 練習3
aとeIが少し似ていることを意識しながら、繰り返してみましょう。

I can't say why.
AI a eI AI

Jason is in a band.
eI i̲ i̲ i̲ u̲ a

There is a van at the vacant lot.
eI i̲ u̲ a a̲ u̲ eI i̲ A

I want to lay in the sand all day.
AI A U eI i̲ u̲ a A eI

I ate the crepe quickly but ice cream ran down my hand.
AI eI u̲ eI i̲ I u̲ AI I a a̲U AI a

音のライフサイクル
カップル音をなめらかにつながった1つの音としてとらえた上で、その音の全体に対してライフサイクルを持たせます。リラックスした喉で音が響いており、2つの音をスムーズにつなげていれば､自然に起こることです。音の「立ち上がり」､「中間」､そして「終わり」をゆったりと感じ取りながら練習してください。息をコンスタントに出すことで、音のライフサイクルをなめらかにしましょう。

ADVICE
動詞LAYを含む例文についてコメントします。英文法に詳しい方は、LAYではなくLIEが正しいと思われたかもしれません。どちらも「横たわる」という意味です。従来は、目的語が動詞の後に来ていれば、他動詞のLAYを使い、来ていなければ、自動詞のLIEを使うとします。確かに、文の構造のみに注目するならば、この指摘は正しいでしょう。しかし、普通の会話においては、動詞の選択は、喋り出しにおいて、話者が頭にいだいているイメージによって決定されます。すでに横たわった状態にある自分をイメージするならば、“I want to lie in the sand” です。自分の体を横たえようとしている行為を イメージするならば、“I want to lay in the sand” となります。ここでの文脈においては、どちらかというと行為をイメージするネイティブが多いため、LAYを使うほうが普通のようです。

SECTION

IV

鼻音ではありません

M

従来の音声学はMを鼻音としました。その結果、鼻から息を出しながらMを発音するという発想が生まれました。ネイティブの先生がおおげさに教える時、たまたま鼻から息が多めに出てしまったので、勘違いが生まれたのでしょう。そもそも英語ネイティブはどんな音でも、口と鼻の両方で息をしています。息の量を調整するために、肺や鼻を、それほど細かくコントロールしなければならないならば、英語どころか、どんな言語でもむずかしすぎてしゃべれないでしょう。喉発音ですべてを解決しましょう。

KEYWORD このレッスンで出てくるキーワード

←020 リラックス口　←022 ルート音

LISTEN まずは聞いてみよう

1…31

■ 日本語と英語のMを比べて聞いてみましょう。違いが聞こえますか？

[マ　ミ　ム　メ　モ]
[MA　MI　MU　ME　MO]

NATIVE method ネイティブ・メソッド

喉 **これだけでネイティブ度90%**

Mはアクビエリアで喉発音し、お手本の音をまねましょう。

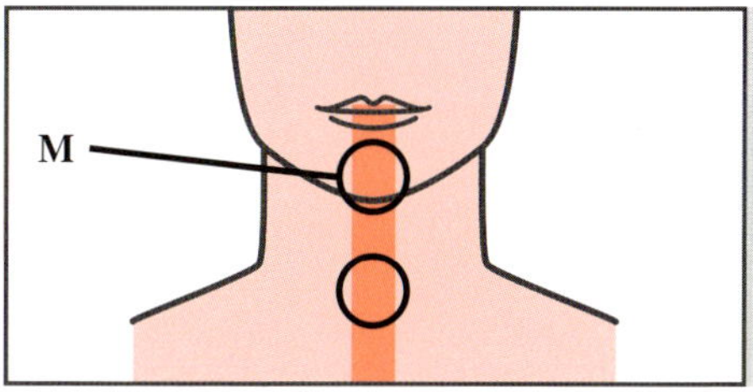

■ 喉ダイアグラム

Mはアクビエリアを響かせます。

口 **ネイティブ発音まで残りの10%**

口に関しては、何も意識しなくてもOKです。口の基本は、リラックス口です。上唇と下唇が重なるまでの一瞬に、ルート音が聞こえることを確認してください。レッスン3で勉強したように、どの音にもルート音がありますが、Mは特にルート音を忘れやすいですから、気をつけてください。

TRY!! MORE もっとやってみよう

1…32

練習1

アクビエリア喉発音で子音を抽出してみましょう。

[M---A　M---I　M---U　M---E̲　M---O　M]

CAUTION

本書で「子音を抽出する」と言う時は、日本語においてくっつきがちな子音と母音を、しっかり離して読むことを指しています。ゆっくり喉発音すれば、音と音の間をはっきりと離すことができます。

練習2

本レッスンで勉強した子音と、日本語にはない母音を組み合わせて練習しましょう。

[M---a　M---a̲　M---u　M---u̲　M---i̲]

練習3

単語で練習してみましょう。

[**men** **minute** **moon** **make**]
E i i U eI

練習4

文章で練習してみましょう。

May I help you?
eI AI E U

Let me move my car.
E I U AI A

Mike is a funny man.
AI i u u I a

My mom told me that.
AI A O I a

音のライフサイクル

リラックスした喉で音が響き、口がだらーんとしていれば、音が自然と完全なライフサイクルを持ちます。まずは、リラックス口から始まります。息はコンスタントに出続け、音が徐々に始まります。上唇と下唇がタッチした瞬間が音の中間点です。タッチがはずれる直前に音がクライマックスを迎えます。その後、音が徐々に消えていきます。息はずっとコンスタントです。喉から吹いてくる息は妨害されずに、まっすぐに口の外に出ていきます。唇タッチの一瞬にも、風は口の中にせき止められず、すんなりと逃げていきます。

ADVICE

上の描写を読んで、「絵がないからわかりにくい」と感じられたかもしれません。絵を見たいと望むのは、「口の動かし方が少しは大切だろう」と思っていることの表れです。この考えを完全に捨ててしまいましょう。音のライフサイクルに関しては、細かいことを暗記するのではなく、感覚的に理解してください。音がどんな感じで始まるか、どこが中心点か、どのように終わるかを、ぼんやりと理解できれば、十分です。特にどこが中心点かについての勘は、あとで勉強する3ビートをマスターするのに役立ちます。このアドバイスは、Mだけでなく、その他のすべての子音で言えることです。

Lesson 14 ①②③④⑤

無声音（声のない音）というより無振動音（振動のない音）

S　H

これらの音は、従来、無声音と呼ばれてきました。皆さんも、「首に手をあてて、声帯が強く響けば有声音、響かなければ無声音」という説明を聞いたことがあることでしょう。つまり、無声音とは、声帯が鳴らない音です。とはいえ、音がないわけではないのですが、「無声音、声のない音」だから息の音に違いない……と誤解されてしまいました。結果として「息を速く、するどく出す音」と誤解されました。この考え方を変えましょう。誤解を避けるために、これからは無声音を無振動音と呼びます。「声帯が振動しない音」という意味です（有声音は振動音と呼ぶことにします）。

KEYWORD このレッスンで出てくるキーワード

←020 リラックスロ　←022 ルート音　←043 ゲップポップ

LISTEN まずは聞いてみよう

1…33

■ 日本語と英語の*S*と*H*を比べて聞いてみましょう。

［日本人の言う　*S*］
［英語ネイティブの言う　*S*］
［日本人の言う　*H*］
［英語ネイティブの言う　*H*］

日本語と英語の音の違いが、聞こえますか。

NATIVE method ネイティブ・メソッド

喉 **これだけでネイティブ度90%**
*S*も*H*もアクビエリアで喉発音し、音をまねましょう。

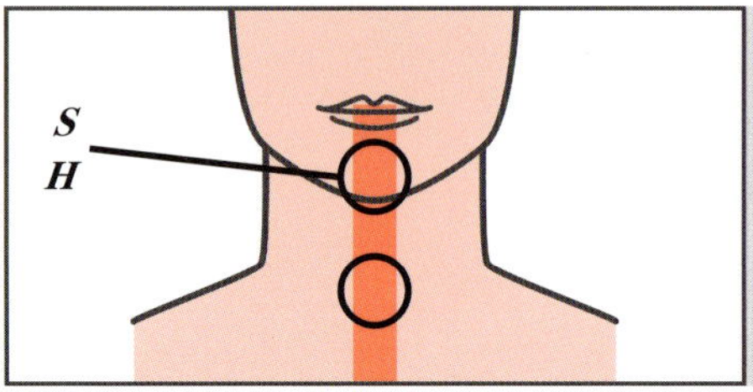

■ **喉ダイアグラム**
喉発音で子音をマスターできます。

日本語の音をゆっくり喉発音することで、子音だけを抽出することができます（「子音を抽出する」とは子音と母音を離して読むことで、子音だけを取り出すことを指します）。

*H*はハ行から*S*はサ行から抽出します。ただし、行の構成に「ちぐはぐさ」があります。下で図示したように、ローマ字で書くと、この「ちぐはぐさ」がよくわかります。例えば、サ行には*S*で始まる音に混じって、*SH*で始まる*SH*Iがあります。ハ行には*H*で始まる音に混じって*F*で始まる*F*Uがあります。したがって、下に示すように、*S*はシ以外の音から、*H*はフ以外の音から、アクビエリア発音で抽出してください。*S*と*H*が抽出できたら、今度は*S*行に*S*Iを加え、*H*行には*H*Uを加えることで、行を完成させましょう。

SA	~~**SHI**~~ **SI**	**SU**	**SE**	**SO**
HA	**HI**	~~**FU**~~ **HU**	**HE**	**HO**

*S*と*H*は無振動音です。斜体のフォントは無振動音を示しています。このことを覚えておくためのコツがあります。無振動音は少しだけ風の音に似ています。風に吹かれてフォントが斜めになっているとイメージして暗記してください。

TALK まずは言ってみよう

1 … 34

▶ 練習1
アクビエリア喉発音で子音を抽出してみましょう。

[*S*---A　*S*---I　*S*---U　*S*---E　*S*---O　*S*]
[*H*---A　*H*---I　*H*---U　*H*---E　*H*---O　*H*]

▶ 練習2

本レッスンで勉強した子音と、日本語にはない母音を組み合わせて練習しましょう。

[*S*---a　*S*---a　*S*---u　*S*---u　*S*---i]
[*H*---a　*H*---a　*H*---u　*H*---u　*H*---i]

口 ネイティブ発音まで残りの10%

唇や舌の動かし方については何も意識しなくてもOKです。口の基本は、リラックス口です（ルート音に関しても、気にする必要はありません。*S*も*H*も、ルート音＝音そのものだからです）。

KEYWORD アクビポップ

どうしたら無振動音を正しく発音できているかどうかが、わかるでしょうか。もし、無振動音をリラックスさせたアクビエリアで響かせているならば、自然と起こることがあります。発音の瞬間にアクビエリアの筋肉が膨張するような感じで動き、ポップコーンがはじけるような感覚が走ります。小さな微妙な感覚です。アクビポップと呼びましょう。

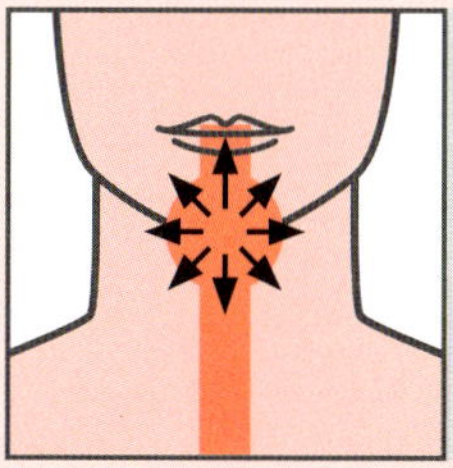

■ アクビポップ
喉の力が完全に抜けていて初めて、アクビエリアの筋肉がかすかに動きます。

実はポップについてはすでに母音のiとuで「ゲップポップ」として勉強しています。iとuではゲップエリアの空気道が広くなるように筋肉の壁が動きました。

無振動音の場合は、アクビエリアの筋肉の壁が動きますから、アクビポップです。ただしアクビエリアは頭の中にあるので、外からは筋肉の動きを知ることができません。どうしたら意識することができるでしょうか。

コツは、ゲップポップと同じです。喉をこれ以上リラックスできないというぐらいリラックスさせていれば、アクビポップを感じることができるでしょう。感じていないとすると、それは、音をまだおもに口で響かせているからかもしれません。音の90%をリラックスした喉で響かせれば、アクビポップは必ず起こります。

どうしても感じられなければ、わざとアクビポップを起こしてみましょう。アクビエリアに何かがつまっていると想像し、それを吐き出そうとしてみてください。その時のアクビエリアの筋肉壁の動きを覚えておいてください。空気道が広がるような感じです。その瞬間に*S*を発音するならば、ポップコーンが小さくはじけたような感覚も自然に起こります。

アクビポップの役割を知ると、より深くアクビポップを理解できます。*S*や*H*などの無振動音は、息に頼る音なので、ほうっておくと弱くなりがちです。ネイティブの喉は、このパワー不足を解消するためにアクビポップを起こします。これまで、日本人はアクビポップの代わりに、口の中でするどい摩擦を起こしたり、強く息を出したりしてきました。英語ネイティブは、それらの代わりに、喉でアクビポップを起こすのだ……と理解してください。

PEP TALK

本レッスンですぐにアクビポップの意味がわからなくても気にしないでください。人によって、アクビポップに気づきやすい音が違います。人によっては、母音のi̲でポップ感覚の意味がわかり、それと同じような感覚を無振動音に求めることで、体得できるかもしれません。*S*や*H*ではわからなかったけれども、*P*のところで感じがつかめる人もいることでしょう。

ADVICE

アクビポップは英語ネイティブと同じように聞けて、発音できるようになるための重要なキーワードとなります。このあとの章でも、無振動音の説明のたびに登場します。

TRY!! MORE もっとやってみよう

1 … 35

練習1と2をもう1度やってみましょう。

練習1

アクビエリア喉発音で子音を抽出してみましょう。アクビポップが起こるのも確認してください。慣れるまでは、できるだけ低い音で練習するとうまくいきます。

[*S*---A　*S*---I　*S*---U　*S*---E̲　*S*---O　*S*]
[*H*---A　*H*---I　*H*---U　*H*---E̲　*H*---O　*H*]

練習2

本レッスンで勉強した子音と、日本語にはない母音を組み合わせて練習しましょう。

[***S***---a　***S*** ---<u>a</u>　***S*** ---u　***S*** ---<u>u</u>　***S***---<u>i</u>]
[***H***---a　***H***---<u>a</u>　***H***---u　***H***---<u>u</u>　***H***---<u>i</u>]

練習3

ポップが起こらないMと、アクビポップが起こる*S*、*H*の違いを体感しながら、練習してください。ただし、これらの音は、息を無理にせき止めようとしてはいけない点では共通しています。

[moon　soon]
U　U
[might　sight]
AI　AI
[meet　heat]
I　I

練習4

文章で練習してみましょう。

[See here.]
I　I

[Sue is sipping soup.]
U　<u>i</u>　<u>i</u>　I　U

[Let's sit here and hear it.]
<u>E</u>　<u>i</u>　I　a　I　<u>i</u>

[He will see him soon.]
I　<u>i</u>　I　<u>i</u>　U

音のライフサイクル

リラックスした喉で音が響き、口がだらーんとしていれば、音が自然と完全なライフサイクルを持ちます。*S*も*H*も口の中で起こることはよく似ています。リラックス口から始まります（*S*も*H*も無振動音ですから、アクビエリアで、かすかなポップが発生します。ライフサイクルの最初から、クライマックスの瞬間までポップを感じられます）。喉から風が吹き始め、音が徐々に始まります。音が最も大きくなるクライマックスのあたりが、音の中間点です。音の最後も息に乗って、徐々に消えていきます。
息自体は途絶えずコンスタントです。消え行く音が口の外に運び出されるようなイメージです。喉から吹いてくる風は妨害されずに、まっすぐに、すんなりと口の外に出ていきます。息がせき止められることはありません。

ADVICE

日本語において、サ行の音が少しタ行の音に似てしまう人は、注意が必要です。いわゆる「舌足らず」と呼ばれる現象です。この発音法で英語をしゃべると、***S***が*TH*（レッスン27）に似てしまいます。舌に力が入りすぎているのが原因です。日本語の音はたいてい舌に力が入りますが、サ行は、例外です。舌ががんばりすぎると、舌が前に出てしまい、舌と前歯との間に、不必要な摩擦を起こします。舌を平らにしたままでリラックスさせ、喉発音を徹底すれば、舌と前歯の間に摩擦が起きませんから、簡単に直ります。慣れるまでは、わざと舌を前歯に近づけずに、練習してください。

Lesson 15　ただの息の音ではありません

①②③④⑤

P

*P*は従来、息を強く出す音とされました。皆さんも、英語の授業で、顔の前に垂らした紙を*P*の発音で吹き飛ばす実験をされたことでしょう。英語はどの音でも、息を多めに使うのは確かですが、「*P*を強い息で」というのは勘違いです。喉発音で正しい発音をしましょう。

KEYWORD　このレッスンで出てくるキーワード

←020 リラックスロ　←022 ルート音　←067 アクビポップ

LISTEN　まずは聞いてみよう

1…36

■ 日本語と英語の*P*を比べて聞いてみましょう。違いが聞こえますか。

[日本人の言う　*P*]
[英語ネイティブの言う　*P*]

日本語と英語の音の違いが、わかりますか。

NATIVE method　ネイティブ・メソッド

喉　**これだけでネイティブ度90%**
*P*はアクビエリアで喉発音し、お手本の音をまねましょう。

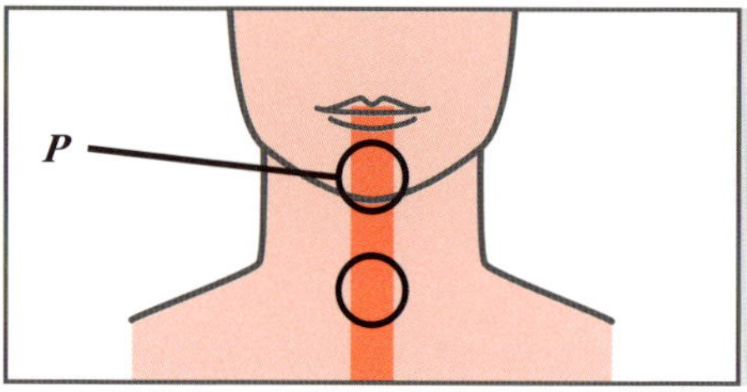

■ 喉ダイアグラム

*P*はアクビエリアで響かせます

アクビポップ

*P*は無振動音です。もし、無振動音において、音のほとんどが十分リラックスしたアクビエリアで響いていれば、自然と小さなアクビポップを感じます。感じていれば、ネイティブと同じ発音ができているということです。

口 **ネイティブ発音まで残りの10%**

唇や舌の動かし方については何も意識しなくてもOKです。口の基本は、リラックス口です。上唇と下唇が重なるまでの一瞬に、ルート音が聞こえることを確認してください。レッスン3で勉強したように、どの音にもルート音がありますが、*P*は特にルート音を忘れやすいですから、気をつけてください。

TRY !! MORE もっとやってみよう

1 … 37

練習1

アクビエリア喉発音で子音を抽出してみましょう。ポップを感じるかどうか確認してください。慣れるまでは、できるだけ低い音で練習するとうまくいきます。

[***P*---A　*P*---I　*P*---U　*P*---E　*P*---O　*P***]

練習2

本レッスンで勉強した子音と、日本語にはない母音を組み合わせて練習しましょう。

[***P*---a　*P*---a　*P*---u　*P*---u　*P*--- i**]

練習3

アクビポップが起こらないMと、アクビポップが起こる*P*の違いを体感しながら、練習してください。

[**mop**　**pop**]
　 A　　 **A**

[meet Pete]
I I

[men pen]
E̲ E̲

練習4

文章で練習してみましょう。

[Pay here.]
eI I

[Paul has a pet.]
A a̲ u̲ E̲

[I put a pea into a pot.]
AI u u̲ I i̲ U u̲ A

[I saw Patty at the party.]
AI Au̲ a̲ I a̲ u̲ A I

音のライフサイクル

リラックスした喉で音が響き、口がだらーんとしていれば、自然と努力なしに、音が完全なライフサイクルを持ちます。まずは、リラックス口から始まります（*P*は無振動音ですから、アクビエリアでのポップが起こります。ライフサイクルの最初から、クライマックスの瞬間までポップが続きます）。息はコンスタントに続き、音が徐々に始まります。上唇と下唇がタッチする瞬間がこの音の中間点です。上唇と下唇が離れる瞬間に音がクライマックスを迎え、その後、音が徐々に消えていきます。息が、消え行く音を口の外に運び出すイメージです。

喉から吹いてくる息は妨害されずに、まっすぐに口の外に出ていきます。唇タッチの一瞬にも、風は口の中にせき止められず、すんなりと逃げていきます。

Lesson 16
①②③④⑤

無振動音
日本語のフから抽出します

F

　従来、*F*は「下唇と前歯を合わせて、するどく摩擦音を出す音」と教えられています。英語ネイティブがおおげさに教える様子を見て考え出された方法なのでしょう。実は、日本語にはすでに*F*が存在するのです。

KEYWORD このレッスンで出てくるキーワード

←020 リラックスロ　←022 ルート音　←067 アクビポップ

LISTEN まずは聞いてみよう

1…38

■ 日本語と英語の*F*を比べて聞いてみましょう。違いが聞こえますか。

[日本人の言う　*F*]
[英語ネイティブの言う　*F*]

日本語と英語の音の違いが、聞こえますか。ヒミツはネイティブ・メソッドで！

NATIVE method ネイティブ・メソッド

喉 これだけでネイティブ度90%
*F*はアクビエリアで喉発音し、音をまねましょう。

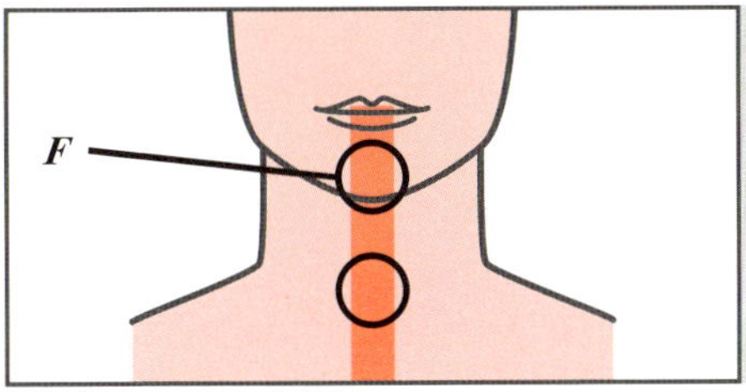

■ 喉ダイアグラム

*F*はアクビエリアで響かせます

日本語のハ行には1音だけ*F*が含まれています。フがそうです。厳密には、前歯と唇のあたり方が、日本語と英語で違いますが、その違いは些細であり、英語ネイティブの耳には同じ音として聞こえます（そのせいで、英語ネイティブは日本語のフをFUとつづります。例えば、富士山はMt. Fujiとつづります）。

フから*F*を摘出し、完全なライフサイクルを与えることで、英語の*F*を完成します。

~~HA~~	~~HI~~	FU	~~HE~~	~~HO~~
FA	FI		FE	FO

アクビポップ

*F*は無振動音です。もし、無振動音において、音のほとんどが十分リラックスしたアクビエリアで響いていれば、自然と小さなアクビポップを感じます。

ネイティブ発音まで残りの10%

右の絵で下唇と前歯のあたりぐあいを確認してください。口を自然に閉じようとする時のあたり方と同じです。あたり方はソフトにしてください。歯が唇に食いこまないようにしましょう。

ただし､大切なのはあくまでも喉です。絵に影響されて、口発音にならないように注意しましょう。口の基本はリラックス口です。音のはじまりでルート音が聞こえることを確認してください。

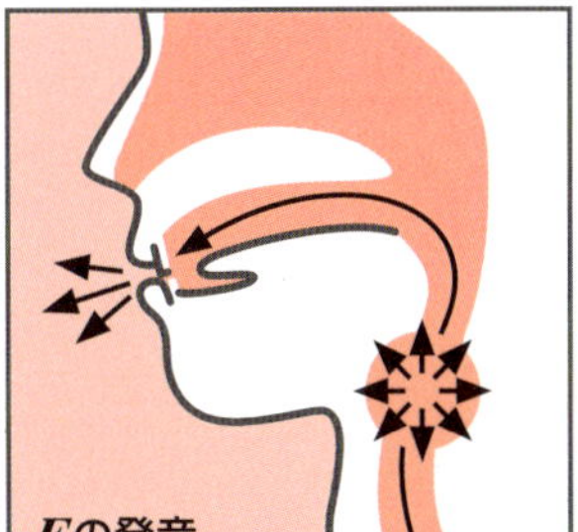

*F*の発音

TRY!! MORE もっとやってみよう

1…39

練習1

アクビエリア喉発音で子音を抽出してみましょう。アクビポップも感じてください。慣れるまでは、できるだけ低い音で練習するとうまくいきます。

[*F*---A　*F*---I　*F*---U　*F*---E̲　*F*---O　*F*]

練習2
本レッスンで勉強した子音と、日本語にはない母音を組み合わせて練習しましょう。

[***F***---a　***F***---<u>a</u>　***F***---u　***F***---<u>u</u>　***F***--- <u>i</u>]

練習3
ポップが起こらないMと、ポップが起こる*F*の違いを体感しながら、練習してください。

[mitt　fit]
<u>i</u>　<u>i</u>
[meal　feel]
I　I
[mall　fall]
A　A

練習4
文章で練習してみましょう。

[I **feel** great.]
AI I　eI

[I need to **find** it.]
AI I　U AI　<u>i</u>

[**Fridays** are **fun**.]
AI eI　A　<u>u</u>

[I'm **full** because I ate a lot of **food**.]
AI　u　I　<u>u</u>　AI eI <u>u</u> A　<u>u</u>　U

POWER LISTENING
1 … 40

◆A
単語が2つずつ読まれます。それぞれの単語の最初の子音が、*F*か、*H*のどちらであるかを聞き取ってください。

1：(　　)　(　　)　2：(　　)　(　　)
3：(　　)　(　　)　4：(　　)　(　　)

◆**B**

単語が6個、連続して読まれます。それぞれの単語の最初の子音が、*F*か、*H*のどちらであるかを聞き取ってください。

(　　　　)(　　　　)(　　　　)(　　　　)(　　　　)(　　　　)

答え

◆**A**

1：***F, H***　(**food, hoop**)　2：***F, H***　(**feet, heat**)

3：***H, F***　(**hit, fit**)　4：***H, F***　(**hope, phone**)

◆**B**

H, F, F, H, H, F

(**hop, fan, fate, hold, hear, fight**)

音のライフサイクル

リラックスした喉で音が響き、口がだらーんとしていれば、自然と努力なしに、音が完全なライフサイクルを持ちます。

まずは、リラックス口から始まります（*F*は無振動音ですから、アクビエリアでポップが起こります。ライフサイクルの最初から、クライマックスの瞬間までポップを感じます）。息はコンスタントに出続け、音が徐々に始まります。下唇と前歯がタッチし、息が漏れ出した瞬間が*F*の中間点です。この中間点は*F*音のクライマックスでもあります。その後、音が徐々に消えていきます。息が、消え行く音を口の外に運び出すような感じです。音の最後には口の方もリラックス口にもどります（日本人は、このことを忘れがちです。唇の位置を気にしすぎるからです）。

息はずっとコンスタントです。また喉から吹いてくる息が妨害されずに、まっすぐ口の外に出ていきます。唇と歯のタッチの一瞬にも、息が口の中にせき止められず、すんなりと逃げていきます。

Lesson 17

①②③④⑤

舌をかすかに動かす音

N ***T*** **<u>D</u>**

どの音も、舌が口の屋根にタッチする音です。従来の方法は、このタッチが起こる時の舌の正確な位置や角度にこだわりました。発想を変えましょう。注意力の90%を喉の方に向けてください。

KEYWORD このレッスンで出てくるキーワード

←020 リラックス口　←022 ルート音　←067 アクビポップ

LISTEN まずは聞いてみよう

1…41

■ 日本語と英語の音の違いが聞こえますか。

[日本人の言う　**N**]
[英語ネイティブの言う　**N**]
[日本人の言う　***T***]
[英語ネイティブの言う　***T***]
[日本人の言う　**<u>D</u>**]
[英語ネイティブの言う　**<u>D</u>**]

NATIVE method ネイティブ・メソッド

喉 **これだけでネイティブ度90%**
NとTはアクビエリアで、Dはゲップエリアで喉発音し、音をまねましょう。

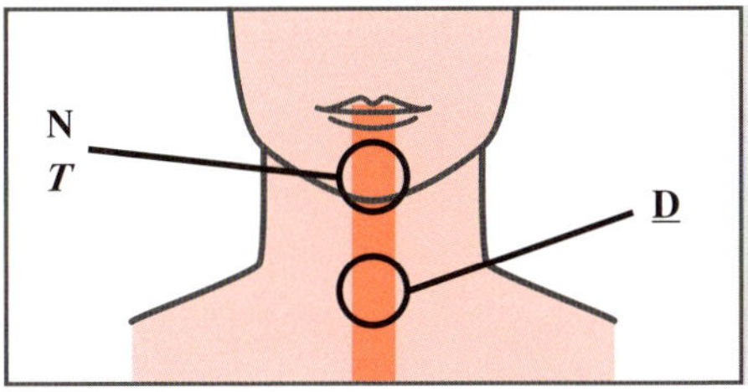

■ 喉ダイアグラム

ゆっくり喉発音することで、日本語の音から子音だけを抽出します。タ行とダ行は、ちぐはぐ行です。下の図でわかるように、いろいろな子音が混ざっています。Tはタ、テ、トから、Dはダ、デ、ドから抽出してください。抽出した音を使って、それぞれの行を完成させてください。

TA	~~**CHI**~~ **TI**	~~**TSU**~~ **TU**	**TE**	**TO**
NA	**NI**	**NU**	**NE**	**NO**
DA	~~**JI**~~ **DI**	~~**ZU**~~ **DU**	**DE**	**DO**

アクビポップ（Tだけ）
Tは無振動音です。もし、無振動音において、音のほとんどが十分リラックスしたアクビエリアで響いていれば、自然と小さなアクビポップを感じます。感じていれば、ネイティブと同じ発音ができているということです。

口 **ネイティブ発音まで残りの10%**
口に関しては、何も意識しなくてもOKです。口の基本は、リラックス口です。音の最初にルート音が聞こえることを確認してください。

KEYWORD 風キャッチ／凧

新しいコンセプトを紹介します。リラックス口で、N、*T*、D̲を発音していれば、「風キャッチ」という現象が自然と起こります。「風キャッチ」とは何でしょうか。口の特定の場所が、風の一部をとらえる・じゃますることを風キャッチと呼びます。

まずは風をキャッチする場所を「凧（たこ）」と呼びます。N、*T*、D̲の場合は舌が凧です。舌が凧となり、喉から吹いてくる風の約半分をとらえます。タイミング的にはこの風キャッチは、リラックス口の時点から、舌が口の屋根にタッチする間に起こります。絵を見ながら、舌が風キャッチをする様子を確認してください。

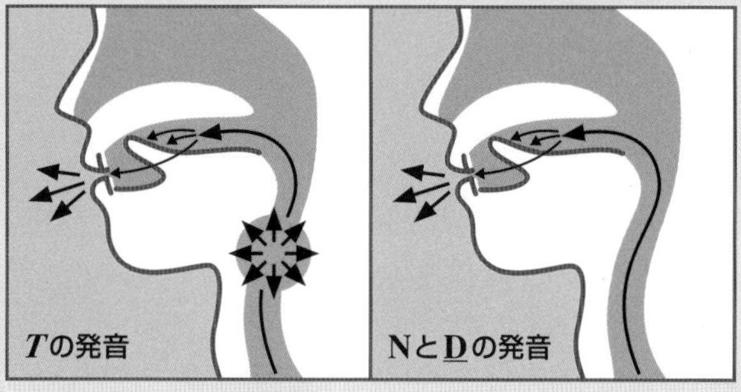

■ 風キャッチの起こり方

舌の裏に、からまるように捕まっている風に注目してください。これが風キャッチです。

口の屋根に舌がタッチする時に注意してください。タッチの最中でも、空気が舌のまわりから漏れているようにします。舌の先以外の部分は平らなままにしておき、舌の先端だけでタッチしていれば、自然に起こることです。日本語の要領で発音してしまうと、舌の全体がタッチするので、空気が完全にブロックされてしまいます。また、風キャッチをするからといって、舌に力が入らないようにしてください。

風キャッチは何の役に立つのでしょうか。子音によっては、風キャッチは、ライフサイクルの最初の部分、つまり「音の立ち上がり」を助けます。また、時に、風キャッチは音をはっきりさせます。風キャッチは、それぞれの子音の個性を、よりいっそう個性的にしてくれます。

ADVICE

この風キャッチが起こっていないとすると、それは息のことを忘れてしまったからでしょう。リラックス口の段階から息をコンスタントに出し続けてください。舌の正確な位置にあまりこだわる必要はありません。

TRY!! MORE もっとやってみよう

1…42

練習1
喉発音で子音を抽出してみましょう。

[N---A　N---I　N---U　N---E　N---O　N]
[*T*---A　*T*---I　*T*---U　*T*---E　*T*---O　*T*]
[D---A　D---I　D---U　D---E　D---O　D]

練習2
本レッスンで勉強した子音と、日本語にはない母音を組み合わせて練習しましょう。

[N---a　N---a　N---u　N---u　N--- i]
[*T*---a　*T*---a　*T*---u　*T*---u　*T*--- i]
[D---a　D---a　D---u　D---u　D--- i]

練習3
N、*T*、Dを単語で練習しましょう。喉の発音点とポップの有無、風キャッチの方法に注意してください。

[near　tear　deer]
I　I　I

[nip　tip　dip]
i　i　i

[noun　town　down]
aU　aU　aU

練習4
文章で練習してみましょう。

[**Dad told** me **not to**.]
a　O　I　A　U

[My name is **Dan Tanner**.]
AI　eI　i　a　a

[This doctor is new to town.]
i A i U U aU

[These sunglasses are not too dark.]
I u a i A A U A

音のライフサイクル

リラックスした喉で音が響き、口がだらーんとしていれば、自然と努力なしに、音が完全なライフサイクルを持ちます。

N、*T*、D のライフサイクルを確認します。どの音もリラックス口から音が始まります。喉は開いたままです（*T*は無振動音です。ライフサイクルの最初から、クライマックスの瞬間までアクビエリアでポップが起こります）。音が鳴り始めると同時に、舌の風キャッチが始まり、風の約半分を捕まえます。舌が完全に口の屋根についた時がN、*T*、Dのライフサイクルの中間地点です。風キャッチは舌が屋根を離れる時点で終わります。舌が口の屋根から離れ出し、舌のうしろに捕まっていた空気が、その他の風と一緒になって流れ出す瞬間が音のクライマックスです。その後、音が徐々に消えていきます。息が、消え行く音を口の外に運び出します。

Lesson 18 ①②③④⑤

喉の2つの扉を開けましょう

K G

*K*とGは、日本語では、ライフサイクルのはじまりが極端に削られています。日本語のカやガを実際に言ってみてください、これらの音のはじめで、舌の奥が口の奥の屋根にあたります。ただでさえ喉ブレーキがかかってしまう喉ですが、この舌の位置のせいで、音が出る直前に、喉にふたがされたようになります。これではリラックス口ができず、ライフサイクルが不完全になってしまいます。どうしたらよいでしょうか。

KEYWORD このレッスンで出てくるキーワード

←020 リラックス口　←022 ルート音　←067 アクビポップ
←080 風キャッチ

LISTEN まずは聞いてみよう

1 … 43

■ 日本語と英語の音の違いが聞こえますか。

[日本人の言う　*K*]
[英語ネイティブの言う　*K*]
[日本人の言う　G]
[英語ネイティブの言う　G]

NATIVE method ネイティブ・メソッド

喉 これだけでネイティブ度90%

*K*も*G*も、アクビエリアで喉発音することで、音をまねましょう。

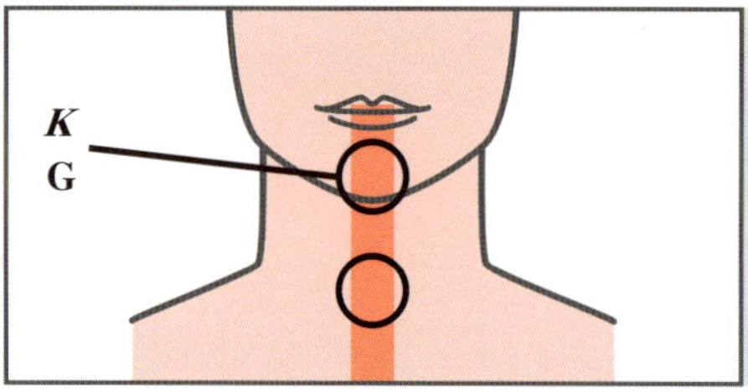

■ 喉ダイアグラム

アクビポップ

*K*は無振動音です。無振動音においては、もし音のほとんどが十分リラックスしたアクビエリアで響いていれば、自然と小さなアクビポップを感じます。感じていれば、ネイティブと同じ発音ができているということです。

口 ネイティブ発音まで残りの10%

口に関しては、何も意識しなくてもOKです。口の基本は、リラックス口です。音のはじまりでルート音が聞こえることを確認してください。

冒頭で紹介しましたが、*K*と*G*に関しては、1つやっかいな問題があります。日本語では、発音のはじめで、舌の奥と口の屋根があたり、一瞬の間ですが、喉の空気道が完全に閉じてしまいます。英語では、これが起こってはいけません。音の最初が削られ、ライフサイクルが不完全となります。

*K*と*G*では口の屋根の奥に舌をあてないでください。慣れるまでは、意識して練習してください（日本人にとっては、*G*の方が成功しやすいようです。まずは*G*で勘をつかんでください）。

風キャッチ

*K*と*G*では「風キャッチ」が自然に起こります。リラックス口から音を始め、舌がリラックスしていて、音のライフサイクルを大切にしていれば起こることです。図にあるように、舌の奥が凧となり、喉の奥から吹いてくる息を風キャッチします。ここで舌の奥と言っているのは、アクビエリアから上の部分です。

ただし、この凧は、風をうまくつかめません。ですから、風を捕まえるというよりは、じゃまする感じです。舌の奥が少しだけ盛り上がる時に、空気道が狭くなるからです。ただし、舌に少しでも力を入れたり、完全に風を止めてしまうと日本語の*K*か*G*のようになってしまいます。舌のその他の部分は、平らなままにしておきます。

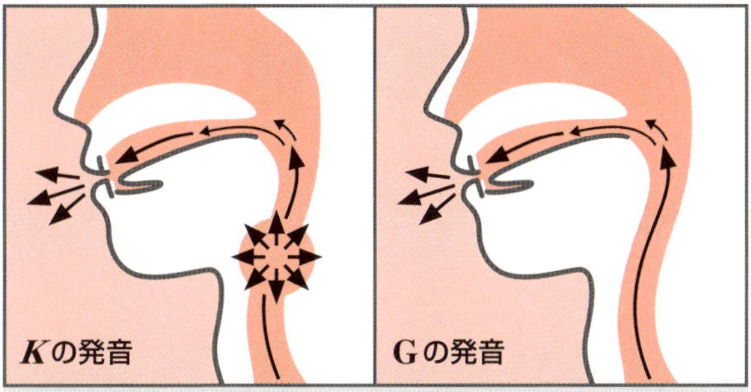

「風キャッチ」のために舌の奥が少しだけ盛り上がります。ただし、練習の時は、舌の形を意識するのではなくて、「風キャッチが起こっているかどうか」という事実だけを確認してください。

TRY !! MORE もっとやってみよう

1 … 44

練習1

喉発音で子音を抽出してみましょう。

[G---A　G---I　G---U　G---E̲　G---O　G]
[*K*---A　*K*---I　*K*---U　*K*---E̲　*K*---O　*K*]

練習2

本レッスンで勉強した子音と、日本語にはない母音を組み合わせて練習しましょう。

[G---a　G---a̲　G---u　G---u̲　G--- i̲]
[*K*---a　*K*---a̲　*K*---u　*K*---u̲　*K*--- i̲]

練習3

*K*もGも風キャッチの起こり方は同じです。ただし、アクビポップが起こるのは*K*だけです。これらのことに気をつけながら練習してみましょう。

[game　came]
eI　eI

[goat　coat]
O　O

[got　cot]
A　A

◎ 練習4

文章で練習してみましょう。

[Let's go fly a kite.]
E　O AI u AI

[That guy called me.]
a　AI　A　I

[Kate and I got a very cute cat.]
eI　a　AI A u eI I IU　a

[The kid came to the concert and got a good seat.]
u　i　eI　U　u　A　a　A u　u　I

音のライフサイクル

リラックスした喉で音が響き、口がだらーんとしていれば、自然と努力なしに、音が完全なライフサイクルを持ちます。

*K*もGも、リラックス口から音を始めます。口が開いているだけでなく、喉も開いていることを忘れないでください（*K*は無振動音ですから、アクビエリアでポップが起こります。ライフサイクルの最初から、クライマックスの瞬間までポップが続きます）。舌の奥で風キャッチが始まります。風キャッチが終わる時点が、ライフサイクルの中間地点です。風キャッチが終わると、風のすべてが普通に流れ出しますが、その瞬間が音のクライマックスです。その後は音が徐々に消えていきます。息が、消え行く音を口の外に運び出すような感じにします。息はずっとコンスタントです。

Lesson 19 よけいな音を足さないように

①②③④⑤

J

日本人はJを純粋に発音するのが苦手です。ジャ行の影響で、JのあとにYを加えてしまうのです。例えば、日本の英語名であるJAPANをJYAPANと発音してしまいます。Jだけを発音するにはどうしたらよいでしょうか。またしても喉発音です。

KEYWORD このレッスンで出てくるキーワード

←020 リラックス口　←022 ルート音　←080 風キャッチ

LISTEN まずは聞いてみよう

1…45

■ 日本語と英語の音の違いが聞こえますか。

[日本人の言う　J]
[英語ネイティブの言う　J]

NATIVE method ネイティブ・メソッド

喉 **これだけでネイティブ度90%**

Jはアクビエリアで喉発音し、お手本の音をまねます。

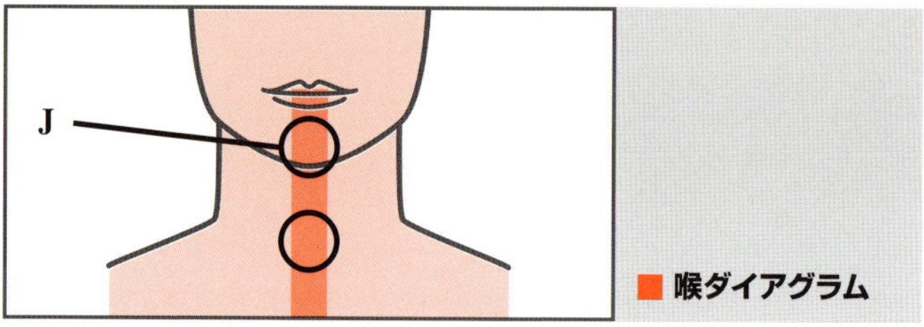

Jは日本語のダ行にジとして存在します。ジをゆっくり喉発音することで、J音だけを抽出しましょう。抽出したJの子音で、J行を完成させてください。

~~DA~~	JI	~~ZU~~	~~DE~~	~~DO~~
JA		JU	JE	JO

頭ではわかっていても、99%の日本人が次のようにジャ行で発音してしまいます。つまりYが入りこんでしまうのです。

JYA　JI　JYU　JYE　JYO

Yを入れずに正しいJ行を完成させるためには、喉発音を徹底します。喉発音は、音を1つ1つていねいに出します。そのため、よけいなYが入っていれば、自分で気づくことができます。気づきさえすれば、Yを入れないようにするのは簡単です。

口 ネイティブ発音まで残りの10%

口に関しては、何も意識しなくてもOKです。口の基本は、リラックス口です。音のはじまりでルート音が聞こえることを確認してください。

風キャッチ

Jを正しく発音できているならば、舌を凧とする風キャッチが自然に起こります。リラックス口から音を始め、舌がリラックスしており、音のライフサイクルを大切にしていれば努力なしに起こります。

Jの風キャッチは舌を凧としますが、この凧は、うまく風キャッチができません。舌が口の屋根に直接タッチしないので、風が逃げるからです。キャッチされる風の半分ぐらいは、「捕まった」というよりは、「まっすぐ進むのをじゃまされた」という感じになります。

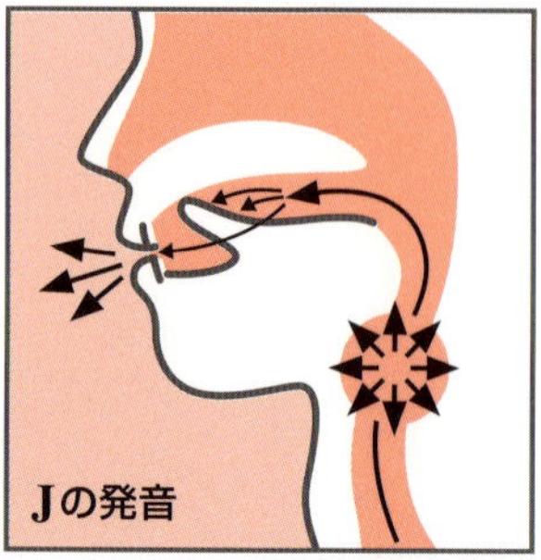

舌の動きは、N、*T*、D に似ていて、舌の全体ではなく、前半分だけが持ち上がります。舌から力を完全に抜いていれば、自然とそうなります。ただし、舌の持ち上がり方が独特です。舌が盛り上がる時、舌の脇側が上両横歯の内側

に、自然とあたります（下の絵を参考にしてください）。口の屋根には、ついつい舌が触ってしまうかもしれませんが、わざと触らないでください。

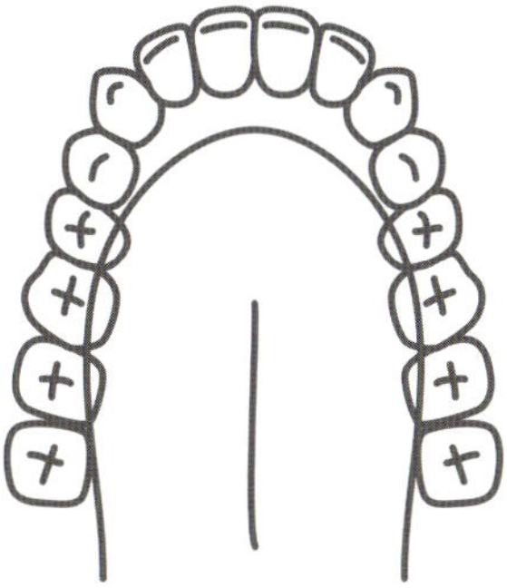

■ 舌の脇側と上両横歯のあたり方

ADVICE

失敗するとすれば、原因が1つ考えられます。凧あげにもかかわらず息をコンスタントに吐くのを忘れてしまうことです。無風状態では凧あげができません。風キャッチがないと、ライフサイクルのはじまりの音がなくなってしまいます。また、風キャッチなしでは、J音がメリハリを失います。

TRY !! MORE もっとやってみよう

1 … 46

練習1

喉発音で子音を抽出してみよう。

[J---A　J---I　J---U　J---$\underline{\overline{\mathbf{E}}}$　J---O　J]

練習2

本レッスンで勉強した子音と、日本語にはない母音を組み合わせて練習しましょう。

[J---a　J---$\underline{\mathbf{a}}$　J---u　J---$\underline{\mathbf{u}}$　J---$\underline{\mathbf{i}}$]

練習3

Jで始まる単語で練習しましょう。Jのあとの母音には発音記号を加えましたので参考にしてください。

[jeans　joke　juice　June]
I　O　U　U

練習4
文章で練習してみましょう。

[Just join us.]
u　OI　u

[John likes grape juice.]
A　AI　eI　U

[Jack got a job in Japan.]
a　A u A i u a

[Put the junk in the jeep.]
u　u　u　i　u　I

音のライフサイクル

リラックスした喉で音が響き、口がだらーんとしていれば、自然と努力なしに、音が完全なライフサイクルを持ちます。

まずは、リラックス口から音を始めます。口が開いているだけでなく、喉も開いていることを忘れないでください。舌で風キャッチが始まります。風キャッチが終わりかけたあたりが、Jのライフサイクルの中間地点です。その後、盛り上がっていた舌が下がり始め、キャッチされていた風が他の風と合流すると、音がクライマックスを迎えます。その後、音が徐々に消えていきます。息が、消え行く音を口の外に運び出すような感じになります。ずっと息はコンスタントです。

Lesson 20

①②③④⑤

風キャッチでネイティブと同じ発音に

W　B

従来の発音教材では、Wは唇を丸めて発音するように指導していますが、映画などでネイティブがしゃべっているのを見ると、タコのような口で話しているネイティブは、あまりいないことがわかります。Wの発音に大切なのは、唇ではなく喉です。

日本語のBは、喉発音するだけで英語のBとほとんど同じになりますが、少しだけ足りないものがあります。何が足りないのでしょう。

KEYWORD このレッスンで出てくるキーワード

←020 リラックス口　←022 ルート音　←080 風キャッチ

LISTEN まずは聞いてみよう

1…47

■ 日本語と英語の音の違いが聞こえますか。

[日本人の言う　W]
[英語ネイティブの言う　W]
[日本人の言う　B]
[英語ネイティブの言う　B]

NATIVE method ネイティブ・メソッド

喉 これだけでネイティブ度90%

Bはアクビエリアで、Wはゲップエリアで喉発音し、お手本の音をまねます。

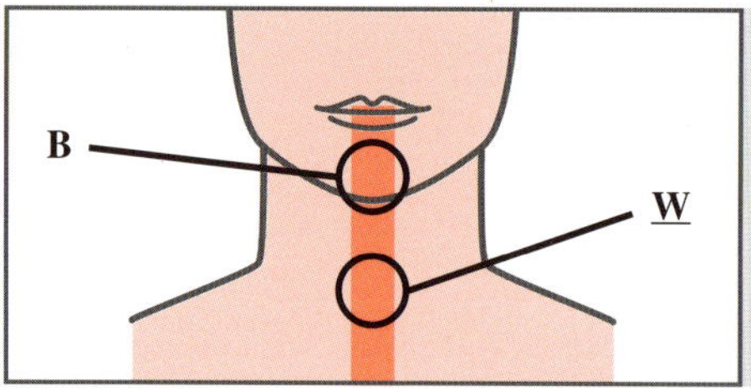

■ 喉ダイアグラム

ゆっくり喉発音することで、日本語の音から子音だけを摘出しましょう。

WA	WI	WU	WE	WO
BA	BI	BU	BE	BO

口 ネイティブ発音まで残りの10%

口に関しては、何も意識しなくてもOKです。口の基本は、リラックス口です。特にWで喉を開いておくことを忘れると、ウのような音になってしまい、WARMやWHEREといった簡単な単語でさえ通じなくなります。Bに関しても、気をつけることがあります。上唇と下唇が重なるまでの一瞬に、ルート音が聞こえることを確認してください。どの音にもルート音がありますが、特にBはルート音を忘れやすいのです。Wはルート音＝音そのものですから、特に意識する必要はありません。

風キャッチ

WとBでは「風キャッチ」が自然と起こります。リラックス口から音を始め、特に口がリラックスしており、音のライフサイクルを大切にしていれば自然と起こることです。

凧になるのは上唇と下唇の内側部分です。絵にあるように、喉の奥から吹いてくる息の約半分を、唇の裏が「風キャッチ」します。キャッチ（捕まえる）というより、風の半分が唇のうしろで、かき乱されているような感じです。唇裏を凧とする風キャッチは音のライフサイクルの最初から最後まで継続的に起こります（舌による風キャッチの場合は、ライフサイクルの前半部にだけ起こりました）。

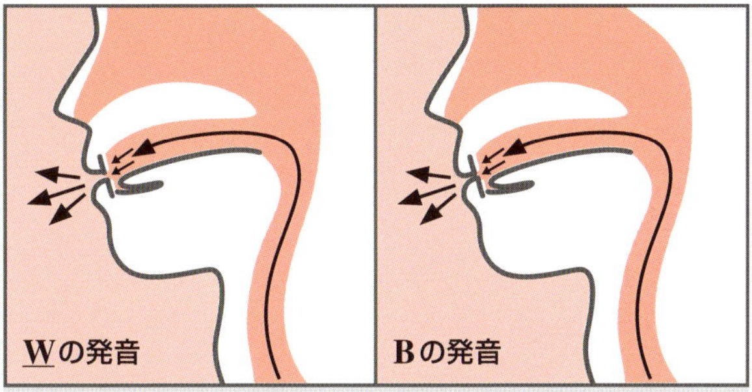

Wの方は、唇どうしが近づくかもしれませんが、完全に閉まることはありません。Bは完全に閉まる瞬間があります。

風キャッチは、WとBの音にメリハリを与えます。風キャッチがないと、Bは*P*に、Wは*H*に近くなってしまいます。ただし、英語発音において口は発音の脇役にすぎません。あまり意識しすぎて、口発音になってしまわないようにしましょう。

練習の時に、どうしても風キャッチを実感できないなら、どうしたらよいでしょう。唇の動きはあまり気にせず、風が凧でじゃまされているかどうかを確認してください。

TRY !! MORE もっとやってみよう

1 … 48

練習1

喉発音で子音を抽出してみよう。

[W---A　W---I　W---U　W---Ē　W---O　W]
[B---A　B---I　B---U　B---Ē　B---O　B]

練習2

本レッスンで勉強した子音と、日本語にはない母音を組み合わせて練習しましょう。

[W---a　W---a　W---u　W---u　W--- i]
[B---a　B---a　B---u　B---u　B--- i]

練習3

B、*P*、W、*H*から始まる単語を集めました。特に風キャッチの有無に気をつけて練習しましょう。BとWでは風キャッチが起こります。

[Bill　pill　will　hill]
i　i　i　i

[beat Pete wheat heat]
I I I I

[ball Paul wall hall]
A A A A

練習4

文章で練習してみましょう。

[When will we win?]
E i I i

[Ben bought a basketball.]
E Au u a i A

[Betty borrowed a big book.]
E I A O u i u

[Will winter be wet and windy?]
i i I E a i I

音のライフサイクル

リラックスした喉で音が響き、口がだらーんとしていれば、自然と努力なしに、音が完全なライフサイクルを持ちます。

WとBのライフサイクルを確認しましょう。リラックス口から音が始まります。唇裏で風キャッチを始めるあたりが、WとBのライフサイクルの中間地点であり、音のクライマックスです。その後、音が徐々に消えていきます。息が、消え行く音を口の外に運び出すような感じになります。息はずっとコンスタントです。

Lesson 21 ①②③④⑤

ブルブル凧で ネイティブと同じ発音に（1）

v

従来の英語音声学はFが有声音化した音が、vだと教えます。残念ながら、声帯を響かせるだけではFはvに変身しません。「ブルブル凧（だこ）」という新しいコンセプトを勉強しましょう。日本人のvが、どんなにがんばっても、Bに聞こえるのには理由があったのです。

KEYWORD このレッスンで出てくるキーワード

←020 リラックスロ　←022 ルート音　←080 風キャッチ

LISTEN まずは聞いてみよう

1 … 49

■ 日本語と英語の音の違いが聞こえますか。

[日本人の言う　v]
[英語ネイティブの言う　v]

日本人の言うvは、少しBに似てしまいます。なぜでしょうか。

NATIVE method ネイティブ・メソッド

喉 **これだけでネイティブ度90%**
vはアクビエリアで喉発音し、音をまねてください。

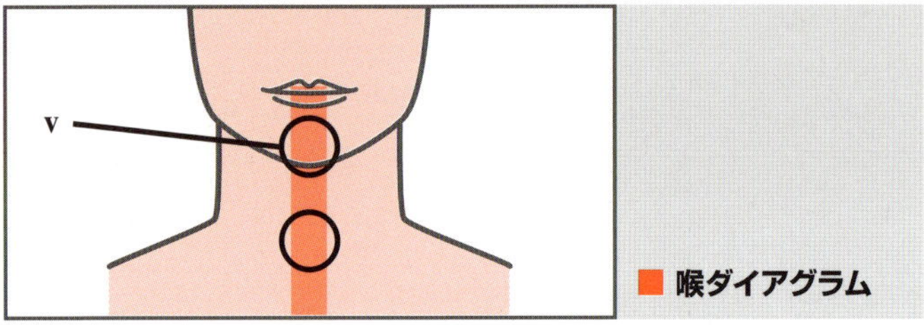

vの発音には、口の方も、少しだけ工夫がいります。以下で勉強しましょう。

口 ネイティブ発音まで残りの10%

口の基本は、リラックス口です。音のはじめでルート音が聞こえることを確認してください。

舌や唇の動かし方を勉強しましょう。下唇と前歯をあてて、喉のアクビエリアを鳴らすのがvの発音です。絵を見て下唇と前歯のあたりぐあいを確認してください。口を自然に閉じようとする時のあたり方と同じです。あたり方はソフトで、歯が唇に食いこまないようにしてください（口を気にするあまり、口発音にならないようにしましょう）。

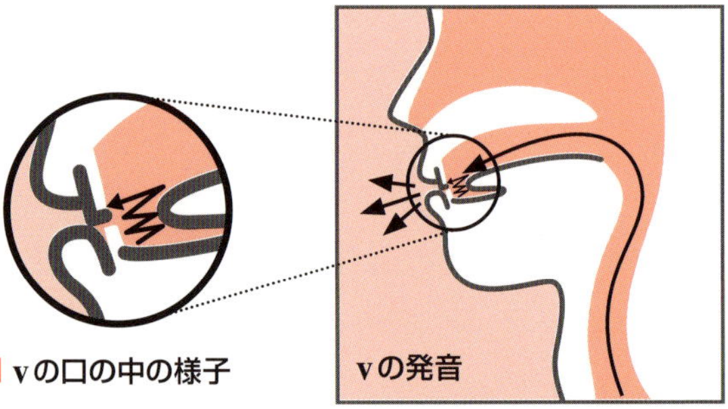

風キャッチ

vでは、風キャッチが自然と起こります。リラックス口から音を始め、特に口がリラックスしていて、音のライフサイクルを大切にしていれば自然と起こることです。

風キャッチの凧になるのは下唇の内側部分です。口の外に抜けていく風の半分が、下唇の裏でキャッチされます。風の半分が唇のうしろで捕まり、かき乱されている感じになります。この風キャッチは、音のライフサイクルの最初から最後まで起こります。この継続性は唇裏を凧とする風キャッチの特徴です。

前歯と下唇が重なるまでの一瞬に、ルート音が聞こえることを確認してください。どの音にもルート音がありますが、vは特にルート音を忘れやすい音です。

KEYWORD ブルブル凧

ここで新しいコンセプトを紹介します。vの風キャッチで使われるのは、凧は凧でも、特別な「ブルブル凧」です。口が完全にリラックスしていれば、風キャッチと同時に、凧付近の風がブルブルと震えます。蜂の飛ぶ音のような小さな振動が起きます。

なぜブルブル凧が起こるのでしょうか。ブルブル凧はその他のどの音で出るのかを考えるとヒントになります。これが起こるのはv、Z、th、zhです。これらの子音に共通しているのは、(1) 振動音であること、(2) 口の中のやわらかい肉質の部分をこするような形で風が通り抜けることです。リラックス口で、これら2つの条件がそろうと、自然に風キャッチがブルブル音を伴います。強調しますが、ブルブルが起こる時、皆さんは唇を意識的に震わせているのではありません。

ブルブル音はvの個性を引き出します。このブルブル音がないと日本人のvはBに聞こえてしまいます。

TRY!! MORE もっとやってみよう

1…50

練習1

アクビエリア喉発音でv行を練習してください。

[v---A　v---I　v---U　v---Ē　v---O　v]

練習2

本レッスンで勉強した子音と、日本語にはない母音を組み合わせて練習しましょう。

[v---a　v---a　v---u　v---u　v---i]

練習3

F、B、vから始まる単語を集めました。特に風キャッチの有無に気をつけて練習しましょう。Bとvでは風キャッチが起こります。vの凧はブルブル凧です。

[fan　van　ban]
a　a　a

[ferry　very　berry]
eI　eI　eI

[face vase base]
eI eI eI

練習4

文章で練習してみましょう。

[The front view is beautiful.]
u u IU i IU i u

[That flower is a blue violet.]
a a i u U AI i

[A bee flew inside the van.]
u I U i AI u a

[It is very kind of you to find my bracelet.]
i i eI I AI u U U AI AI eI i

POWER LISTENING

1 … 51

◆A

単語が2つずつ読まれます。それぞれの単語に含まれる母音が、vか、Bのどちらであるかを聞き取ってください。

1：(　　　)　(　　　)　　2：(　　　)　(　　　)
3：(　　　)　(　　　)　　4：(　　　)　(　　　)

◆B

単語が6個、連続して読まれます。それぞれの単語の最初の音がvか、Bのどちらであるかを聞き取ってください。

(　　　)(　　　)(　　　)(　　　)(　　　)(　　　)

答え

◆A

1：B, v　(boat, vote)　　2：v, B　(vent, bent)
3：v, B　(vine, bind)　　4：B, v　(berry, very)

◆B

B, B, v, B, v, v

(bean, bone, victory, bee, vain, vowel)

音のライフサイクル

リラックスした喉で音が響き、口がだらーんとしていれば、自然と努力なしに、音が完全なライフサイクルを持ちます。

まずは🔑リラックス口から始めます。息はコンスタントに出し続け、音が徐々に始まります。ブルブル凧による🔑風キャッチも始まります（ブルブル凧は音の最後まで続きます）。下唇と前歯がタッチし、息が漏れ出した瞬間が**v**の中間点です。この中間点は同時に*v*音のクライマックスでもあります。このクライマックスは音が最もパワーを持つ瞬間であり、ブルブル凧の振動が最高潮に達する瞬間です。その後、音が徐々に消えていきます。息が、消え行く音を口の外に運び出すような感じにします。音の最後には口の方もリラックス口にもどります（日本人は、このことを忘れがちです。唇の位置を気にしすぎるからです）。

Lesson 22 首の付け根で音を鳴らす

①②③④⑤

Y

Yの発音方法は大いに誤解されてきましたが、正しい発音方法はとても簡単です。

KEYWORD このレッスンで出てくるキーワード

←020 リラックスロ　←022 ルート音　←080 風キャッチ

LISTEN まずは聞いてみよう

1…52

■ 日本語と英語の音の違いが聞こえますか。

[日本人の言う　Y]
[英語ネイティブの言う　Y]

英語のYのユニークさがわかりますか。母音のIに似ていますが、ゲップエリアで発音されるため、音色が独特です。この音は聞き取りが少しやっかいですが、発音の方は簡単です。

NATIVE method ネイティブ・メソッド

喉 これだけでネイティブ度90%

Yはゲップエリアで喉発音し、お手本の音をまねてください。

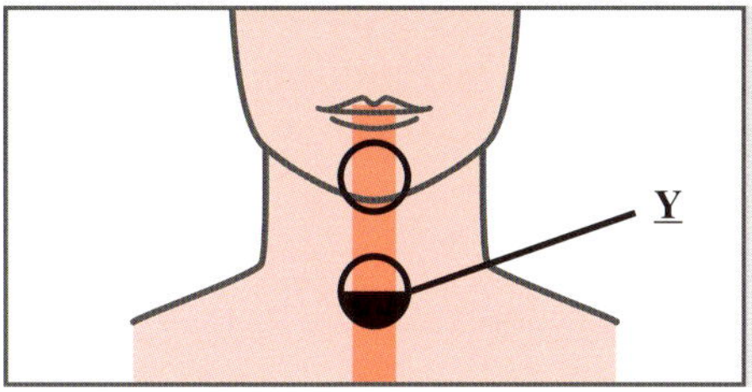

日本語ではYはヤ行に見つけることができます。ヤ、ユ、ヨをゲップエリアで喉発音することでYだけを取り出しましょう。どの音から取り出しても同じYが出るようにします。取り出したY音でY行を完成させてください。

YA　YI　YU　YE　YO

Yはとても変わり者の音です。基本的には子音ですが、母音にとても近い性質を持っています。上のように、Yを子音として抽出したとしても、日本語のイにきわめて近い母音のような音を持っています。この性質を利用したもう1つのYの抽出法もあります。日本語のイをゲップエリア発音し、英語ネイティブの音を聞くことでその音を調整してください。

TALK まずは言ってみよう

1…53

▶ 練習1

ゲップエリア喉発音でY行を練習してください。

[Y---A　Y---I　Y---U　Y---Ē　Y---O　Y]

▶ 練習2

本レッスンで勉強した子音と、日本語にはない母音を組み合わせて練習しましょう。

[Y---a　Y---a　Y---u　Y---u　Y--- i]

口 ネイティブ発音まで残りの10%

口の基本は、リラックス口です。ルート音に関しては、意識する必要はありません。Yでは、ルート音＝音そのものです。

リラックスして発音をしていれば、舌が次のように動きます（練習する必要はありません。「日本語と違って、舌の動きが小さいのだな」と理解するだけでOKです）。舌の全体ではなく、真ん中あたりだけが持ち上がります。その時に舌の脇側が上両横歯の内側に自然にあたります。口の屋根にはあたりません。日本語のヤでは、舌がもっと極端に持ち上がります。英語のYでは、それほどでもありません。舌の力が完全に抜けていることを練習で確認してください。

CAUTION

細かい舌の動きを理解するのに、絵を見たいと思われるかもしれませんが、発想を転換しましょう。口に関しては、細かく考えなくてもOKです。

TRY !! MORE もっとやってみよう

1…54

練習3

単語で練習しましょう。

[yes　yawn　yen　yet]
E　Au　E　E

練習4

文章で練習してみましょう。

[Yoshi rode on a yacht.]
O I O A u Au

[I yelled at him yesterday.]
AI E a i E eI

[The egg has a yellow yoke.]
u eI a u E O O

[I haven't yet been to the new shopping mall.]
AI a i E i U u U A I A

ADVICE

いわゆる定冠詞THEの読み方について、日本では、名詞が母音で始まるなら「ジ」、そうでなければ「ザ」と教えます。例えばAPPLEであればTHE APPLE（ジ アップル）、

CARであればTHE CAR（ザ カー）という具合です。実はこのようなルールは英語にはありません。正しくは次のとおりです。普通は、THEの母音をuで発音しますが、何らかの事情で、特定のものであるということを強調したい時にiで発音します。つまり、単に「その卵」という時は「ザ エッグ」、「他のどれでもないその卵」と強調したい時は「ジ エッグ」です。

POWER LISTENING

1…55

◆A

単語が2つずつ読まれます。それぞれの単語が、Yか、Iのどちらで始まるかを聞き取ってください。

1：(　　　)　(　　　)　　2：(　　　)　(　　　)
3：(　　　)　(　　　)　　4：(　　　)　(　　　)

◆B

単語が6個、連続して読まれます。単語の先頭が、Yか、Iかを聞き取ってください。

(　　　)(　　　)(　　　)(　　　)(　　　)(　　　)

答え

◆A

1：Y, I　(year, ear)　　2：Y, I　(yeast, east)
3：I, Y　(eat, yet)　　4：Y, I　(yield, eel)

◆B

I, Y, I, Y, I, Y　(eat, yen, eagle, yes, easy, you)

音のライフサイクル

リラックスした喉で音が響き、口がだらーんとしていれば、自然と努力なしに、音が完全なライフサイクルを持ちます。

リラックス口から音を始めます。そして音・息をすんなりと口の外に逃がします（つまり風キャッチがいらないということです）。喉が鳴るような音が最も大きくなるあたりが中間点であり、音のクライマックスです。その後、音が徐々に消えていきます。息が、消え行く音を口の外に運び出すような感じになります。

Lesson 23

①②③④⑤

ブルブル吶で ネイティブと同じ発音に（2）

Z

従来の英語音声学ではZはSを有声音化すればよいとされてきましたが、実は、それだけでは足りません。ブルブル吶で正しいZ音を出しましょう。

KEYWORD このレッスンで出てくるキーワード

← 020 リラックスロ　← 022 ルート音　← 080 風キャッチ
← 097 ブルブル吶

LISTEN まずは聞いてみよう

1 … 56

日本語と英語の音の違いが聞こえますか。

[日本人の言う　Z]
[英語ネイティブの言う　Z]

NATIVE method ネイティブ・メソッド

喉 これだけでネイティブ度90%
Zはアクビエリアで喉発音し、お手本の音をまねます。

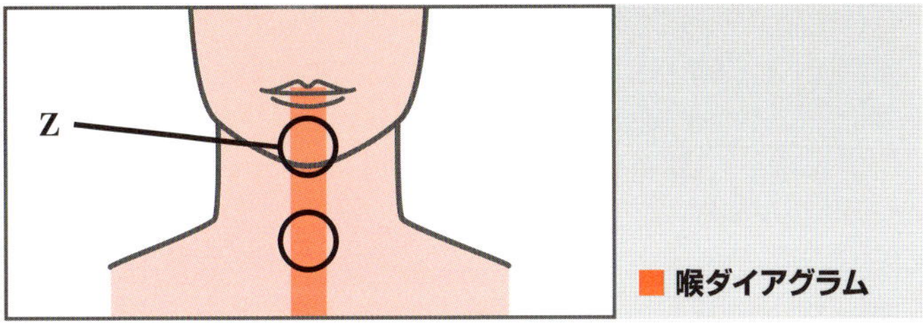

日本語ではZはザ行に見つけることができます。ザ、ズ、ゼ、ゾを喉発音することでZを取り出してください。どの音から取り出しても同じZが出るようにします。

ZA ~~**JI**~~ **ZI** **ZU** **ZE** **ZO**

ネイティブ発音まで残りの10%

口の基本は、リラックス口です。音のはじめでルート音が聞こえることを確認してください。

ブルブル凧による風キャッチ

Zではブルブル凧による風キャッチが自動発生します。リラックス口から音を始め、特に口がリラックスしていて、音のライフサイクルを大切にしていれば自然と起こることです。蜂の飛ぶ音に少し似た小さなブルブル音が舌の上で自然と起こります。

風キャッチの凧になるのは舌です。舌が屋根にあたらないすれすれの高さまで盛り上がり、風を半分ぐらいキャッチします。正確には風を捕まえるというよりは、空気道が狭くなったので、舌の上を流れる風がじゃまされるという感じです。

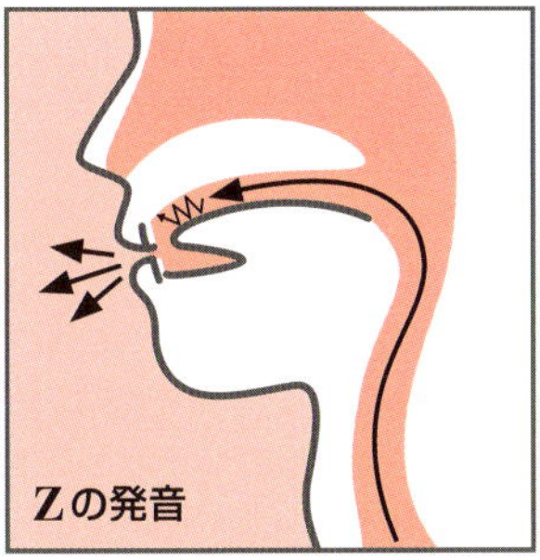

TRY !! MORE もっとやってみよう

1 … 57

練習1

アクビエリア喉発音でZ行を練習してください。

[Z---A Z---I Z---U Z---E̲ Z---O Z]

練習2

本レッスンで勉強した子音と、日本語にはない母音を組み合わせて練習しましょう。

[Z---a　Z---a　Z---u　Z---u　Z--- i]

練習3

S、Z、vを一緒に練習しましょう。

[set　vet]
Ē　Ē

[sip　zip]
i　i

[seal　zeal　veal]
I　I　I

[Sue　zoo]
U　U

練習4

文章で練習してみましょう。

[I saw a zebra at the zoo.]
AI Au u I u a u U

[I dialed zero zero seven.]
AI AI I O I O Ē i

[Zoom the camera in on that zone.]
U u a u i A a O

[I ran home with zip and zeal.]
AI a O i i a I

CAUTION

with zip and zealは古い表現で、「急ぎながら、はしゃぎながら」という意味。

POWER LISTENING

1…58

◆**A**

単語が2つずつ読まれます。それぞれの単語が、Zか、Jのどちらで始まるかを聞き取ってください。

1：(　　　)　(　　　)　　2：(　　　)　(　　　)
3：(　　　)　(　　　)　　4：(　　　)　(　　　)

◆**B**

単語が6個、連続して読まれます。それぞれの単語の先頭が、Zか、Jのどちらであるかを聞き取ってください。

(　　　)(　　　)(　　　)(　　　)(　　　)(　　　)

答え

◆**A**

1：**J, Z**　(**jeep, zebra**)　　2：**Z, J**　(**zen, Jenny**)
3：**Z, J**　(**zone, Joan**)　　4：**J, Z**　(**June, zoom**)

◆**B**

Z, Z, J, Z, J, J　(**zap, zip, jet, zero, Japan, jelly**)

音のライフサイクル

リラックスした喉で音が響き、口がだらーんとしていれば、自然と努力なしに、音が完全なライフサイクルを持ちます。

まずは、リラックス口から始まります。息はコンスタントに出続け、音が徐々に始まります。ブルブル凧による風キャッチはライフサイクルの最初から最後までずっと続きます。風キャッチのために舌が盛り上がった瞬間がライフサイクルの中間点です。この瞬間にZは音のクライマックスを迎えます。このクライマックスは音が最もパワーを持つ瞬間であり、ブルブル凧の振動が最高潮に達する瞬間です。その後、音が徐々に消えていきます。息が、消え行く音を口の外に運び出すような感じになります。

Lesson 24 喉を響かせる場所が決め手

①②③④⑤

l r

LとRは日本人にはラ行音に似て聞こえるので、日本人はこの2つをペアとして考えてしまいました。そして、LとRの違いは舌の動かし方の違いだろうと思い込んできました。この誤解を解きましょう。信じがたいことかもしれませんが、Rを発音するために舌を動かす必要はありません。

KEYWORD このレッスンで出てくるキーワード

←020 リラックスロ　←022 ルート音　←080 風キャッチ

発音記号について

RもLも日本語にありませんから、発音記号は小文字のrとlで表します。

LISTEN まずは聞いてみよう

1…59

■ 違いが聞こえますか。

[l]
[r]

本レッスンを最後まで読むまでは、はっきりとは区別できないかもしれません。喉で発音し、聞く時は喉の音を聞けば、簡単に区別することができます。

NATIVE method ネイティブ・メソッド

喉 これだけでネイティブ度90%

rはゲップエリアで発音し、音をまねます。ゲップエリアでも普通より深いゲップエリアです。そのせいで、rはややダミ声、ガラガラ声的な音質になります（バイクのエンジンの音にも似ています）。

一方、lはアクビエリアで発音し、音をまねます。lは比較的クリアな音質を持ちますが、これはアクビエリアで発音されるのが原因です。

ダミ声的なrとクリアな音のl。この音質の違いを意識すれば、両者を正しく発音し、簡単に聞き分けられるようになります。

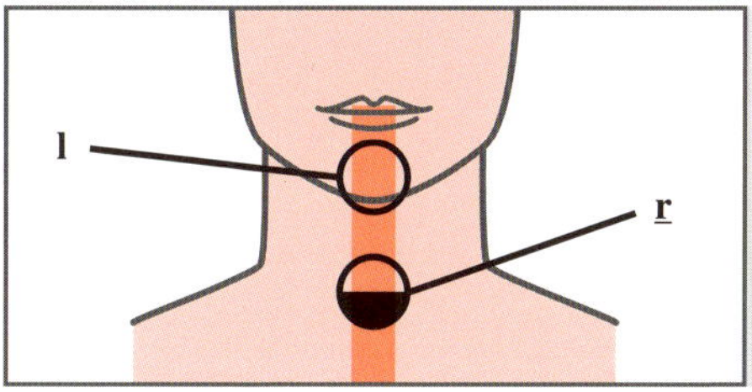

■ 喉ダイアグラム

ラ行をアクビエリアとゲップエリアで言うだけで、自動的にlとrになるわけではありません。聞いたとおり、まねる努力も忘れないでください。rはゲップエリアのかなり深い部分で響かせます。

CAUTION

ネイティブにとっては、rはlよりもWに少し似ています。rもWもゲップエリアで発音されるために、どちらもややダミ声的だからです。実際に、Wから🔑風キャッチを除くとrにやや近づいた音になります。

TALK まずは言ってみよう

1 … 60

ここまでの説明で、rの方は練習に入ることができます（lの方は、口や舌の動きを説明する必要がありますから、もう少し待ってください）。

▶ 練習1

r行で練習してみましょう。rはゲップエリアで喉発音です。

[r---A　r---I　r---U　r---E　r---O　r]

▶ 練習2

rと、日本語にはない母音を組み合わせて練習しましょう。

[r---a　r---a　r---u　r---u　r--- i]

口 ネイティブ発音まで残りの10%

口の基本は、リラックス口です。特にlでは、音のはじめでルート音が聞こえることを確認してください。rの場合は、ルート音＝r音そのものですから、この点について意識する必要はありません。

風キャッチ

lには舌を凧とする風キャッチが自然と起こります。リラックス口から音を始め、特に口がリラックスしていて、音のライフサイクルを大切にしていれば自然と起こることです。舌を口の屋根につけにいく時に、風の一部が自然と舌にキャッチされるのです。

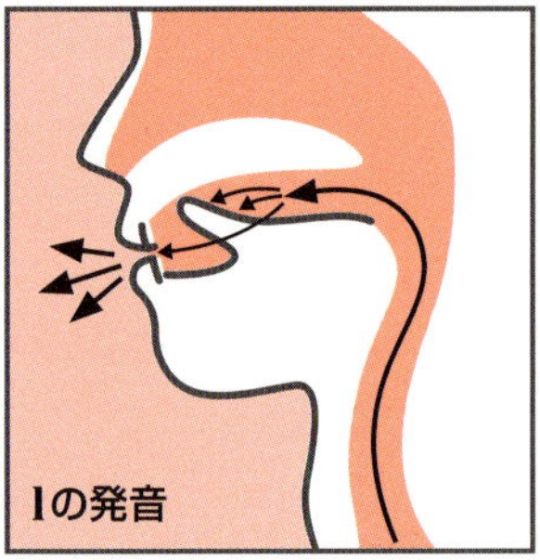

舌を口の屋根に強く押しつける必要はありません。N、*T*、Dと同じで、舌で完全に空気の流れを遮断してはいけません。舌の先端だけを使います。舌のその他の部分は平らなままにしておきます。舌の動かし方と、屋根への触り方でいちばんlに似ているのはNです。

ちなみに、rには風キャッチがいりません。リラックス口のまま、息をすんなり口の外に出してしまいます。舌の動かし方は？と思われるかもしれませんが、rの音には舌は関係しません。舌は平らなままでOKです。

TRY !! MORE もっとやってみよう

1…61

練習3

l行で練習してみましょう。lはアクビエリアで喉発音です。

[l---A　l---I　l---U　l---E　l---O　l]

練習4

lと、日本語にはない母音を組み合わせて練習しましょう。

[l---a　l---a　l---u　l---u　l--- i]

練習5

W、r、l、Nを比べながら練習しましょう。Wとrはダミ声的な音質を持つことで共通しています（どちらかといえば、rの方がWよりもダミ声的です）。lとNは舌と口の屋根のタッチの仕方が似ています。

[weed　read　lead　need]
I　I　I　I

[wok　rock　lock　knock]
A　A　A　A

[whip　rip　lip　nip]
i　i　i　i

練習6

文章で練習してみましょう。

[I listen to rock music.]
AI i　i　U　A　IU　i

[Take a right at the light.]
eI　u AI　a　u　AI

[I love red beans and rice.]
AI u　E　I　a　AI

[Lock the rear window, please.]
A　u　I　i　O　I

POWER LISTENING

1…62

◆A

単語が2つずつ読まれます。それぞれの単語が、lか、rのどちらで始まるかを聞き取ってください。

1：(　　　)　(　　　)　2：(　　　)　(　　　)
3：(　　　)　(　　　)　4：(　　　)　(　　　)

◆B

単語が2つずつ読まれます。それぞれの単語が、rか、Wのどちらで始まるかを聞き取ってください。

1：(　　　)　(　　　)　2：(　　　)　(　　　)
3：(　　　)　(　　　)　4：(　　　)　(　　　)

◆C

単語が6個、連続して読まれます。それぞれの単語の先頭が、lか、rのどちらであるかを聞き取ってください。

(　　　)(　　　)(　　　)(　　　)(　　　)(　　　)

◆D

単語が6個、連続して読まれます。それぞれの単語の真ん中が、lか、rのどちらであるかを聞き取ってください。

(　　　)(　　　)(　　　)(　　　)(　　　)(　　　)

◆E

単語が6個、連続して読まれます。それぞれの単語の最後が、lか、rのどちらであるかを聞き取ってください。

(　　　)(　　　)(　　　)(　　　)(　　　)(　　　)

答え

◆A

1：l, r　(light, right)　2：r, l　(red, led)
3：r, l　(rip, lip)　4：r, l　(rice, lice)

◆B

1：r, W　(red, wed)　2：r, W　(run, won)
3：W, r　(wait, rate)　4：r, W　(rest, West)

◆C

l, r, l, r, l, l　(lucky, really, later, room, level, like)

◆D

l, l, l, r, l, r (really, milk, hello, tired, English, work)

◆E

r, l, r, l, r, l (hear, call, care, level, car, tall)

音のライフサイクル

リラックスした喉で音が響き、口がだらーんとしていれば、自然と努力なしに、音が完全なライフサイクルを持ちます。

r音のライフサイクルから確認します。リラックス口から音が始まります。風キャッチがないので、音がすんなりと口の外に逃げていきます。喉が鳴るような音が最も大きくなるあたりが、中間点であり、音のクライマックスです。その後、音が徐々に消えていきます。息が、消え行く音を口の外に運び出すような感じになります。息はずっとコンスタントです。

lのライフサイクルを確認しましょう。リラックス口から音が始まります。特に喉が開いていることを忘れないでください。音を鳴らし始めると同時に、舌で風キャッチが始まり、風の約半分が捕まります。舌が完全に口の屋根についた時点がライフサイクルの中間地点です。同時にこの瞬間がl音のクライマックスです。風キャッチは舌が屋根を離れる時点で終わります。舌が口の屋根から離れ出し、舌のうしろに捕まっていた空気が、その他の風と一緒になって流れます。その後、音が徐々に消えていきます。息が、消え行く音を口の外に運び出すような感じになります。息はずっとコンスタントです。

ADVICE

Rは喉発音だけでOKという点に対して、ネイティブでさえ反論するかもしれません。RやWでは唇を丸めることも大切だと。ところが、ネイティブ同士が喋っているときは、唇を丸めないのが普通です。スマイルしながらでも（つまり唇を丸めにくい状態）、RもWも発音できます。なのに、なぜネイティブは唇が大切だと思ってしまうのでしょうか。

日本語でも同じことが起こります。「オはどう発音しますか」と外国人が聞くと、私たちは唇を丸めてお手本を示すでしょう。「チは？」と聞かれれば、前歯を見せながら音を出すでしょう。はっきり教えてあげたいという気持ちが働いて、口がガンバル口になります。

Rの舌の動かし方に関しては、「舌を巻いてください」、「後方に押しやります」などとネイティブでさえ主張するかもしれません。「巻き舌」はネイティブ先生が色々な試行錯誤の結果、開発したコツです。実は、これは勘違いです。舌が喉の方向に向けて動くと、たまたま音が口の奥のほうで響くので、少しだけRに近い音が出るのです。ただし、この音はネイティブと同じRではありません。

どうしたらよけいな音を足さずに発音できるでしょうか（1）

SH

日本人はシャ行の影響で、どうしても*SH*のあとにYを加えてしまいます。どうしたら、*SH*だけを発音できるでしょうか。喉発音で解決します。

KEYWORD このレッスンで出てくるキーワード

←020 リラックス口　←022 ルート音　←067 アクビポップ
←080 風キャッチ

LISTEN まずは聞いてみよう

1…63

■ 日本語と英語の音の違いが聞こえますか。

[日本人の言う　*SH*]
[英語ネイティブの言う　*SH*]

音の違いが聞こえますか。*S*との違いがわかりますか。

NATIVE method ネイティブ・メソッド

喉

これだけでネイティブ度90%
*SH*はアクビエリアで喉発音し、お手本の音をまねます。

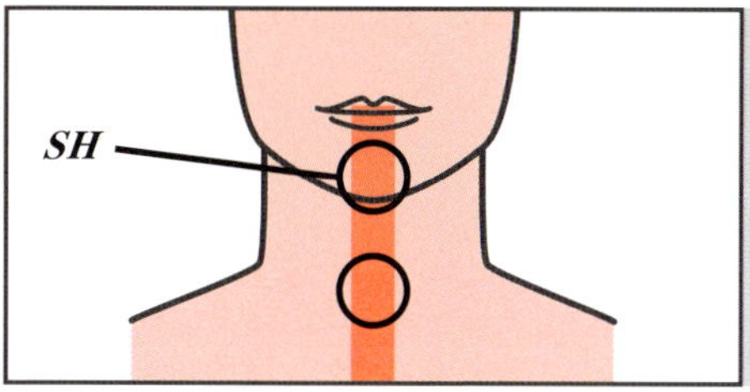

■ 喉ダイアグラム

*SH*は日本語のサ行にシとして存在します。シをゆっくり喉発音することで、日本語の音から子音だけを抽出しましょう。抽出した*SH*の子音で*SH*行を完成させてみます。

~~SA~~	**SHI**	**~~SU~~**	**~~SE~~**	**~~SO~~**
SHA		**SHU**	**SHE**	**SHO**

レッスン19のJと同じで、日本人は*SH*のあとにYを入れてしまいがちです。

SHYA　SHI　SHYU　SHYE　SHYO

Yを入れずに正しい*SH*行を完成させるには、喉発音を徹底することです。喉発音は、音を1つ1つていねいにつくりますから、よけいなYが入っていれば、すぐに気づくことができます。

アクビポップ

*SH*は無振動音です。もし、無振動音において、音のほとんどが十分リラックスしたアクビエリアで響いていれば、自然と小さなアクビポップを感じます。感じていれば、ネイティブと同じ発音ができているということです。

TALK まずは言ってみよう

1 … 64

▶ 練習1

喉発音で練習しましょう。

[*SH*---A　*SH*---I　*SH*---U　*SH*---<u>E</u>　*SH*---O　*SH*]

▶ 練習2

本レッスンで勉強した子音と、日本語にはない母音を組み合わせて練習しましょう。

[*SH*---a　*SH*---<u>a</u>　*SH*---u　*SH*---<u>u</u>　*SH*---<u>i</u>]

口 ネイティブ発音まで残りの10%

口の基本は、リラックス口です。ルート音に関しては、意識しなくてもOKです。*SH*は、ルート音＝*SH*音そのものですから、考えなくてもできています。

TRY !! MORE もっとやってみよう

1…65

練習3

*S*と*SH*はいろいろな点で共通しています。両者とも、風キャッチはなく、無振動音なので、アクビポップが起こります。これらのことを意識して練習してください。

[seat　sheet]
I　I

[save　shave]
eI　eI

[sock　shock]
A　A

練習4

文章で練習してみましょう。

[Shelly has silver shoes.]
E I a i U

[The socks and sheets are clean.]
u A a I A I

[She counts sheep to go to sleep.]
I aU I U O U I

[I have to shower and shave before I put on my suit.]
AI a U aU a eI I AI u A AI U

POWER LISTENING

1…66

◆**A**

単語が2つずつ読まれます。それぞれの単語が、*S*か、*SH*のどちらで始まるかを聞き取ってください。

1：(　　　)　(　　　)　2：(　　　)　(　　　)
3：(　　　)　(　　　)　4：(　　　)　(　　　)

◆**B**

単語が5個、連続して読まれます。それぞれの単語の先頭が、*S*か、*SH*のどちらであるかを聞き取ってください。

(　　　)(　　　)(　　　)(　　　)(　　　)

答え

◆**A**

1：***S, SH***　(**see, she**)　2：***S, SH***　(**so, show**)
3：***S, SH***　(**said, shed**)　4：***SH, S***　(**shy, sigh**)

◆**B**

SH, S, S, SH, S
(**shocked, surprised, serious, shopping, city**)

音のライフサイクル

リラックスした喉で音が響き、口がだらーんとしていれば、自然と努力なしに、音が完全なライフサイクルを持ちます。

リラックス口から音を始めます（*SH*は無振動音ですから、アクビポップが起こります。ライフサイクルの最初から、クライマックスの瞬間まで、ポップが続きます）。風キャッチがないので、息はすんなりと口の外に逃げていきます。音が最も大きくなるあたりが、中間点であり、音のクライマックスです。その後、音が徐々に消えていきます。息が、消え行く音を口の外に運び出すような感じになります。

Lesson 26
①②③④⑤

どうしたらよけいな音を足さずに発音できるでしょうか（2）

CH

JやSHと同じく、不必要なYを足してしまうのがCHです。例えばCHINA（中国）という単語だと、CHYAINAと言ってしまいます。喉発音で直しましょう。

KEYWORD このレッスンで出てくるキーワード

←020 リラックスロ　←022 ルート音　←067 アクビポップ
←080 風キャッチ

LISTEN まずは聞いてみよう

2…01

■ 日本語と英語の音の違いが聞こえますか。

[日本人の言う　*CH*]
[英語ネイティブの言う　*CH*]

NATIVE method ネイティブ・メソッド

喉 これだけでネイティブ度90%
*CH*はアクビエリアで喉発音し、お手本の音をまねます。

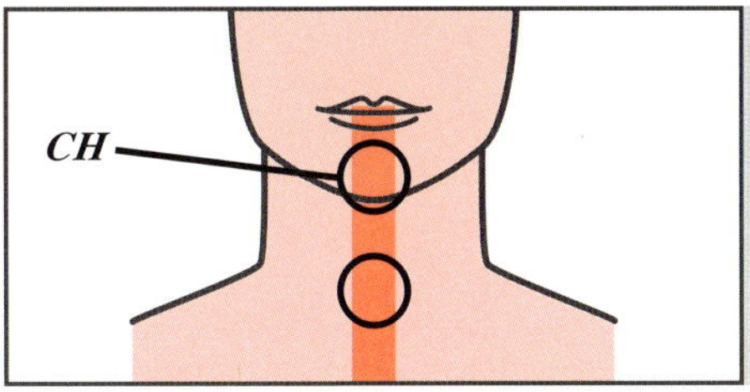

■ 喉ダイアグラム

*CH*は日本語のタ行にチとして存在します。チをゆっくり喉発音することで、子音だけを抽出しましょう。抽出した*CH*の子音で行を完成させせます。

~~TA~~	CHI	~~TSU~~	~~TE~~	~~TO~~
CHA		CHU	CHE	CHO

頭ではわかっていても、99%の日本人が次のようにチャ行で発音してしまいます。つまりYが入りこんでしまうのです。

CHYA　CHI　CHYU　CHYE　CHYO

Yを入れずに正しい*CH*行を完成させるには、喉発音を徹底しましょう。喉発音は、音を1つ1つていねいにつくりますから、よけいなYが入っていれば、すぐに気づくことができます。

アクビポップ

*CH*は無振動音です。もし、無振動音において、音のほとんどが十分リラックスしたアクビエリアで響いていれば、自然と小さなアクビポップを感じます。感じていれば、ネイティブと同じ発音ができているということです。

口　ネイティブ発音まで残りの10%

口の基本は、リラックス口です。音のはじめでルート音が聞こえることを確認してください。

風キャッチ

*CH*では舌を凧とする「風キャッチ」が発生します。以下に描写しますが、口がリラックスしていれば自然と起こることですから、あまり気にしないでください。

舌は全体ではなく、前半分だけが盛り上がります（Jと同じです）。舌が持ち上がる時に、舌の脇側が上両横歯の内側にあたります（右の図を参考にしてください）。口の屋根には、ついつい舌が触ってしまうかもしれま

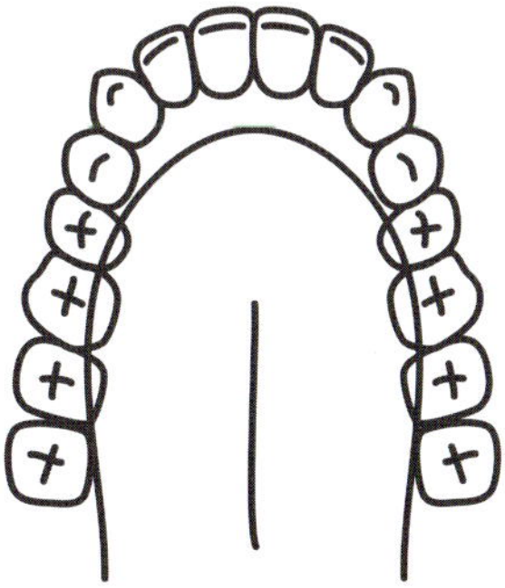
■ 舌の脇側と上両横歯のあたり方

せんが、わざと触らないでください。舌が盛り上がる一瞬に、舌が風の約半分をキャッチします。風キャッチとはいえ、そのキャッチの半分ぐらいは舌の上を流れる風をじゃまする程度です（Jと同じです）。右の絵で確認してください（絵につられて、口発音にならないようにしてください）。

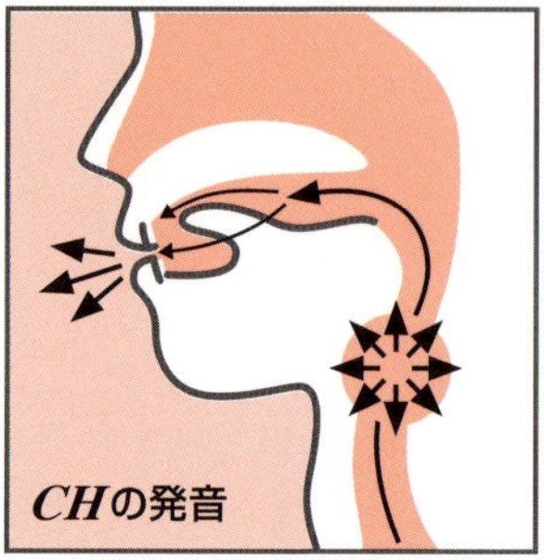

ADVICE

失敗の最大の原因は、凧あげにもかかわらず風（息）のことを忘れていることです。風キャッチがないと、ライフサイクルのはじまりの音がなくなってしまいます。また、風キャッチなしでは、*CH*音はメリハリを失います。

TRY !! MORE もっとやってみよう

2…02

練習1
喉発音で練習しましょう。

[***CH*---A** ***CH*---I** ***CH*---U** ***CH*---E̅** ***CH*---O** ***CH***]

練習2
本レッスンで勉強した子音と、日本語にはない母音を組み合わせて練習しましょう。

[***CH*---a** ***CH*---a̲** ***CH*---u** ***CH*---u̲** ***CH*---i̲**]

練習3
SH、Jと比べながら*CH*を練習します。*SH*は風キャッチが起こりません。Jと*CH*は口の中の動きが似ていて、風キャッチの方法は同じです。

[**sheep** **cheap** **jeep**]
I **I** **I**

[**Shane** **chain** **Jane**]
eI **eI** **eI**

[shows   chose   Joe's]
O   O   O

練習4

文章で練習してみましょう。

[The Children cheered.]
u i i I

[Don't cheat at chess.]
O I a Ē

[I like cream cheese.]
AI AI I I

[Can I have a chicken sandwich and potato chips?]
a AI a u i i a i a O eI O i

音のライフサイクル

リラックスした喉で音が響き、口がだらーんとしていれば、自然と努力なしに、音が完全なライフサイクルを持ちます。

リラックス口から音が始まります。口が開いているだけでなく、喉も開いていることを忘れないでください。舌で風キャッチが始まります。風キャッチが終わりかけたあたりが、*CH*のライフサイクルの中間地点です。この中間点が*CH*のクライマックスです。その後、盛り上がっていた舌が下がり始め、キャッチされていた風が他の風と合流します。その後、音が徐々に消えていきます。息が、消え行く音を口の外に運び出すような感じにします。息はずっとコンスタントです。

Lesson 27 ①②③④⑤

大切なのは舌の位置や角度ではありません

th th

舌をどこに置くのかや、息の吐き出し方だけに気をとられすぎたために、日本人にはこれまで発音不可能な音でした。喉で発音すれば、簡単に正しい音が出せます。

KEYWORD このレッスンで出てくるキーワード

←020 リラックスロ　←022 ルート音　←067 アクビポップ
←080 風キャッチ　←097 ブルブル凧

発音記号について

どちらも日本語にない音です。1つ目は、定冠詞THEに現れるth、2つ目はThank you（ありがとう）に現れる*th*です。斜体字の方が無振動音であることを覚えておいてください。

LISTEN まずは聞いてみよう

2…03

■ 音が独特だということがわかりますか。

[*th*]
[th]

ネイティブ・メソッド

喉 これだけでネイティブ度90%

両方ともアクビエリアで発音し、音をまねます。

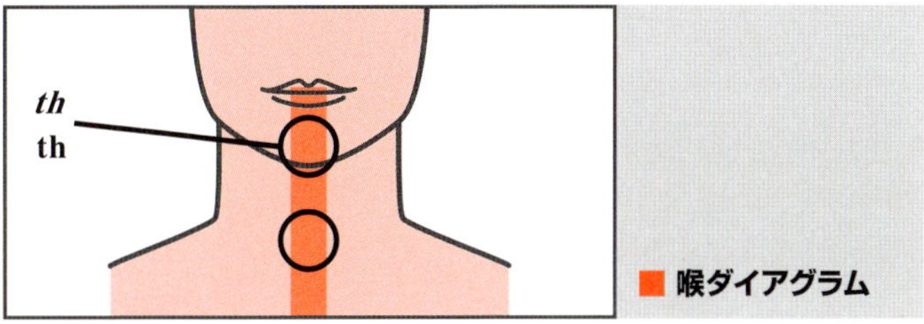

■ 喉ダイアグラム

アクビポップ

th は無振動音です。もし、無振動音において、音のほとんどが十分リラックスしたアクビエリアで響いていれば、自然と小さなアクビポップを感じます。感じていれば、ネイティブと同じ発音ができているということです。

さて、この2つの音については、口がほんの少しだけ大切になってきます。日本語にない方法で舌を動かさなければなりません。以下でもう少し勉強しましょう。

口 ネイティブ発音まで残りの10%

口の基本は、リラックス口です。音のはじめでルート音が聞こえることを確認してください。

どちらの音も、上歯と下歯の間に舌先をかすかにあて、そこから風を通すことで音を出します。舌の正確な位置は、実はそれほど大切ではありません。いちばん大切なことは、舌の力をゼロにすることです。舌に少しでも力が入っていると、*T* か D に聞こえてしまいます。舌は平らなままにしておきましょう。舌が歯につきすぎてしまうと、力が入りすぎてしまうかもしれませんから気をつけてください。

ブルブル風による風キャッチ

th も th も次ページの絵のとおり舌を置く場所は同じですが、実は大きな違いがあります。風キャッチに関しての違いです。どのような違いでしょうか。

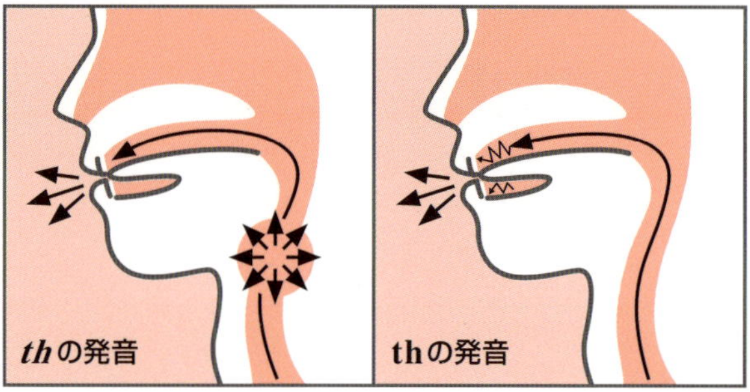

th（無振動音の方）では風キャッチが起こりません。上歯と下歯の間に舌先を少しあてますが、無理に風をブロックしようとしないでください。*S*と同じ要領で風をすんなり逃がします。

一方、thではブルブル凧による風キャッチが自然発生します。リラックス口から音を始め、特に口がリラックスしていて、音のライフサイクルを大切にしていれば自然と起こることですから練習する必要はありません。舌の先端が吹いてくる風の約半分をキャッチします（この風キャッチの起こり方はvに似ています）。

凧は凧でも<u>ブルブル凧</u>です。口の力が完全に抜けていれば、自然にブルブル音が起こります。thのブルブル振動はおもに舌先で感じます。

TRY !! MORE もっとやってみよう

2…04

練習1

喉発音で練習しましょう。

[***th***---**A** ***th***---**I** ***th***---**U** ***th***---**<u>Ē</u>** ***th***---**O** ***th***]
[**th---A** **th---I** **th---U** **th---<u>Ē</u>** **th---O** **th**]

練習2

本レッスンで勉強した子音と、日本語にはない母音を組み合わせて練習しましょう。

[***th***---**a** ***th***---**<u>a</u>** ***th***---**u** ***th***---**<u>u</u>** ***th***---**<u>i</u>**]
[**th---a** **th---<u>a</u>** **th---u** **th---<u>u</u>** **th---<u>i</u>**]

練習3

単語で練習しましょう。

th [thanks　thin　thing]
eI　i　I

th [those　this　that]
O　i　a

◎ 練習4
文章で練習してみましょう。

th　*th*
[This is my theory.]
i　i　AI　I　I

th　*th*
[That is a great theater.]
a　i　u　eI　I　eI
※eIはiでもOK。

th　th　th
[I threw the book into the bag.]
AI　U　u　u　i　U　u　a

th　*th*　th
[I like the theme song from that TV drama.]
AI AI　u　I　A　u　a　I I　A　u

POWER LISTENING

2…05

◆A
単語が2つずつ読まれます。それぞれの単語が、*th*か、*S*のどちらで始まるかを聞き取ってください。

1：(　　　)　(　　　)　2：(　　　)　(　　　)
3：(　　　)　(　　　)　4：(　　　)　(　　　)

◆B
単語が2つずつ読まれます。それぞれの単語が、*th*か、Zのどちらで始まるかを聞き取ってください（ここで使うZで始まる単語は、この練習のためにつくった単語であり、実際には存在しません）。

1：(　　　)　(　　　)　　2：(　　　)　(　　　)
3：(　　　)　(　　　)　　4：(　　　)　(　　　)

◆C

単語が10個、連続して読まれます。それぞれの単語の先頭が、*th* 、th、*S*、Zのどれであるかを聞き取ってください。

(　　　)(　　　)(　　　)(　　　)(　　　)
(　　　)(　　　)(　　　)(　　　)(　　　)

答え

◆A

1：***S*, *th*** (sank, thank)　　2：***S*, *th*** (sink, think)
3：***th*, *S*** (thing, sing)　　4：***th*, *S*** (thin, sin)

◆B

1：**Z, th** (zat, that)　　2：**Z, th** (zis, this)
3：**th, Z** (the, zu)　　4：**th, Z** (than, zan)

◆C

th, th, th, Z, *th*, th, th, *S*, *S*, *th* (they, those, these, zen, thought, there, then, sought, seam, throw)

音のライフサイクル

リラックスした喉で音が響き、口がだらーんとしていれば、自然と努力なしに、音が完全なライフサイクルを持ちます。

まずは*th*から説明します。リラックス口から始まります（*th*は無振動音ですから、アクビエリアでのポップが起こります。ライフサイクルの最初から、クライマックスの瞬間までポップが続きます）。喉から風が吹き、音が徐々に始まります。舌先が歯と歯の間にかすかに触れる瞬間が中間点であり、また音のクライマックスでもあります。舌がリラックス口の時の状態に戻りつつ、音の方も徐々に消えていきます。息自体は途絶えてはいけません。息が、消え行く音を口の外に運び出すような感じになります。

次はthのライフサイクルです。リラックス口から始まります。ここで喉から風が吹き、音が鳴り出すと同時にブルブル凧も始まります。ブルブル凧はライフサイクルの最初からクライマックスが終わる点まで続きます。舌先が歯と歯の間にかすかに触れる瞬間が中間点であり、音のクライマックスでもあります。舌がリラックス口の時の状態に戻りつつ、音の方も徐々に消えていきます。息自体は途絶えてはいけません。息が、消え行く音を口の外に運び出すような感じになります。

Lesson 28 ブルブル凧が発音の決め手

①②③④⑤

zh

気づきにくいですが、zhは日本語のジャとは違う音です。喉発音でマスターしましょう。

KEYWORD このレッスンで出てくるキーワード

←020 リラックス口　←022 ルート音　←080 風キャッチ
←097 ブルブル凧

LISTEN まずは聞いてみよう

2…06

■ 日本語と英語の音の違いが聞こえますか？

[日本人の言う　zh]
[英語ネイティブの言う　zh]

NATIVE method ネイティブ・メソッド

喉 これだけでネイティブ度90%
zhはアクビエリアで喉発音し、音をまねます。

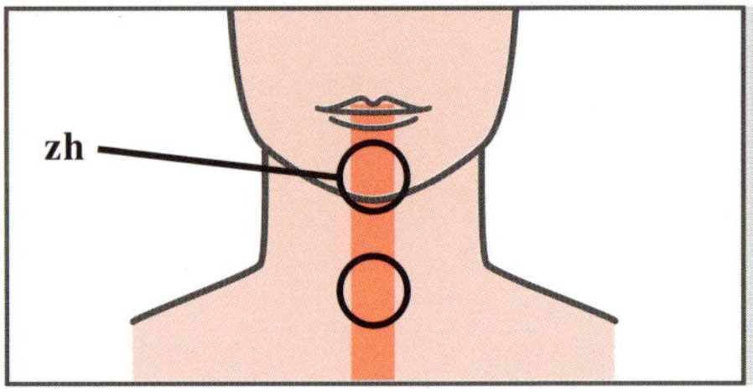

■ 喉ダイアグラム

Jでも勉強しましたが、日本人はzh にYを入れてしまいがちです。喉発音を徹底することで直しましょう。

口

ネイティブ発音まで残りの10%

口の基本は、リラックス口です。音のはじめでルート音が聞こえることを確認してください。

ブルブル凧による風キャッチ

zhではブルブル凧による風キャッチが自然発生します。口、特に舌の力が完全に抜けていれば、蜂の飛ぶ音に少し似た小さなブルブル音が舌の上で発生します。

舌が風キャッチの凧になります。舌の前半分だけが持ち上がります。その時に、舌の脇側が上両横歯の内側にあたることを確認してください。口の屋根には舌はあたりません。ブルブル凧で約半分の風をキャッチします。風を捕まえるというよりは、空気道が狭くなり、舌の上を流れる風がじゃまされる感じです。

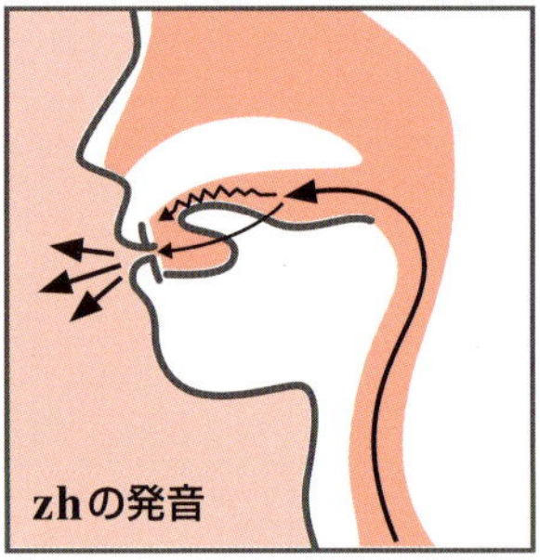
zhの発音

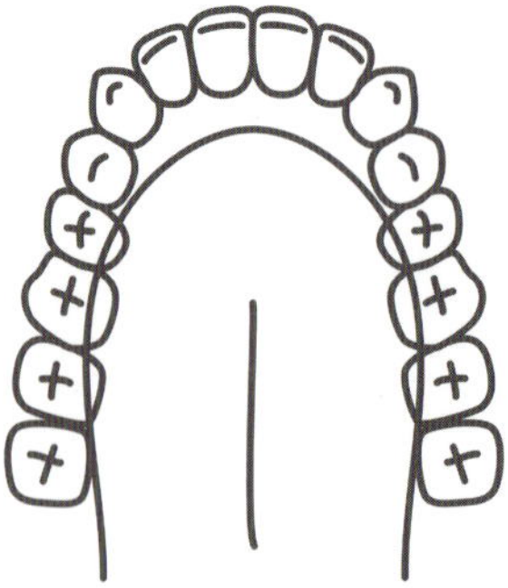
■ 舌の脇側と上両横歯の当たり方

TRY!! MORE もっとやってみよう

2…07

練習1
喉発音で練習しましょう。

[zh---A　zh---I　zh---U　zh---<u>E</u>　zh---O　zh]

練習2
本レッスンで勉強した子音と、日本語にはない母音を組み合わせて練習しましょう。

[zh---a　zh---<u>a</u>　zh---u　zh---<u>u</u>　zh---<u>i</u>]

練習3
単語で練習しましょう。

[vision　Asian　pleasure　leisure]
<u>i</u> <u>i</u>　eI <u>i</u>　<u>E</u>　I

練習4
文章で練習してみましょう。

[It's my **pleasure**.]
<u>i</u> AI <u>E</u>

[My **vision** is not great.]
AI <u>i</u> <u>i</u> <u>i</u> A eI

[Can you **massage** my back?]
a U <u>u</u> A AI <u>a</u>

[**Measure** the distance between here and there.]
<u>E</u> <u>u</u> <u>i</u> <u>i</u> I I I a eI

音のライフサイクル

リラックスした喉で音が響き、口がだらーんとしていれば、自然と努力なしに、音が完全なライフサイクルを持ちます。

zhのライフサイクルを確認しましょう。リラックス口から音を始めます。口が開いているだけでなく、喉も開いていることを忘れないでください。音とともに、舌を🔑ブルブル風とする🔑風キャッチが始まります。この風キャッチはライフサイクルの最初から最後までずっと続きます。舌が上の横歯の内側に触れる時に、音とブルブル振動が最も大きくなります。この瞬間が音の中間点であり、クライマックスです。その後、舌がもとの位置に戻り始め、音とブルブル振動が消えていきます。息が、消え行く音を口の外に運び出すような感じになります。息はずっとコンスタントです。

グループ子音

日本人は、これまで連続する子音が不得意だった……というよりは不可能でした。例えば、口発音では、CARDSとCARSの違いを言い分けることはできません。喉発音ですべてを解決してください。

LISTEN まずは聞いてみよう

2…08

■ PROBLEMという単語を日本語ふうとネイティブふうに発音します。グループ子音のPRとBLに注意して聞いてください。音の違いが聞こえますか？

[日本人の言う　problem]
[英語ネイティブの言う　problem]

NATIVE method ネイティブ・メソッド

2つか3つの子音を続けざまに発音する音を「グループ子音」と呼びましょう。実は、すでに勉強したth、*th*、*CH*、*SH*、zhは、日本人は1音と考えがちですが、世界のほとんどの言語話者にとってはグループ子音です。すでに、皆さんはこれらの音を練習ずみですし、*SH*や*CH*に関しては、日本語にもあるのですから、まったく新しいことに挑戦しなければいけないわけではありません。

どうやって複数の子音を続けて読むのでしょうか。2つのことを理解してください。まずは、複数の子音を、1つの子音の隙間に押しこんでしまうことを体験してください。すでに皆さんが知っている日本語のグループ子音で考えましょう。

ひらがなで書くと1音に思えるツですが、実は、*T*、*S*、Uという3つの音からなります。

最初の*T*と*S*は、続けざまに、1つのつながりとして発音するグループ子音です。これと同じ要領で、英語のグループ子音も発音します。

ツの例を使ったために、ある誤解が生じたかもしれません。いくつかの音を一度に発音するのではありません。音を1つ1つ発音しながらも、それらを1つのつながりとしてスムーズに発音するのです（とはいえ、どんな言語でも、2つの音を同時に発音することは不可能です。日本人にはツが1音に聞こえるのは音と音の間が狭いせいです。いくつかの音を同時に発音しているわけではありません）。

2つめに気をつけるのは喉発音です。どの子音がアクビエリア発音か、ゲップエリア発音かについては勉強ずみです。ただし、グループ子音となると、組み合わせによっては、「最初の音はゲップだけれども、2番目の子音はアクビ」というぐあいに、音から音への移行がややこしくなります。音をあまりにも正確に、喉発音エリアの中心で響かせる必要はありません。エリアの内側で響かせればよいことを覚えておいてください。

失敗するとすれば、子音のあとに母音を加えてしまうことでしょう。例えばPROBLEMという単語に現れるPRで考えてみます。*P*を「プ(PU)」という具合に、母音を加えてしまっていませんか。これを直すのは、やはり喉発音です。喉発音だと、音を1つ1つていねいにしか発音できません。よけいな音を加えていれば、自分で聞いてわかります。まずは思い切って喉発音してみましょう。もしよけいな音が入っていれば、その音を今度は抜いて発音すればよいのです。

もう1つ気をつけるのは、グループ子音に見えて実は単なる1つの子音であるケースです。英語のスペリングにはなぜか読まない字が含まれることがあります。以下を参考にしてください。

pn = N　**rh = r̲**　**ph = *F***　**kn = N**　**bt = *T***　**wn = N**

wh = W̲　**gh = 語尾にくると*F*か無音、あるいはかすかな*H***　**ght = *T***

gn = N

最後になりますが、Xはユニークな存在です。1つのアルファベットなのにKS（例：TAXI）、あるいはGZ（例：EXIT）と発音されます。

CAUTION

練習では英語においてよく現れるグループ子音だけを集めました。ただし、どんな組み合わせでも、たとえそれが英語に存在しなくても、ちゃんと発音できなければ、グループ子音がマスターできたとはいえません。喉で発音すれば、どんな子音の組み合わせでも発音できますから安心してください。

TRY!! MORE もっとやってみよう

2…09

練習1

単語の最初に現れるグループ子音の例を集めました。喉発音に注意しながら練習してください。

Bl	Br	*K*r (kr/cr/chr)		*K*l (kl/cl)		Dr	
*F*l (fl/phl)		*F*r (fr/phr)		G*H*	Gl	Gr	*P*l
*P*r	*SH*r	*S*l	*S*N	*SP*	*SP*r	*ST*	*ST*r
*S*W	*th*r	*T*r	*T*W	Wr	*K*W (kw/qu)		

練習2

単語の途中か最後に現れるグループ子音の例を集めました。喉発音に注意しながら練習してください。

Bl (ble)		Br (bre)		*K*l (kle/cle)		*K*r (kre/cre)	
KT (kt/ct)		DJ (dge)		Dl (dle)		*F*l (fle)	
FT	Gl (gle)	l*K*	lN	l*P*	l*T*	M*P*	ND
NG	N*K*	N*T*	*P*l (ple)	*PT*	rD	r*K*	rM
r*P*	ZM (sm)	*SP*	*ST*				

CAUTION

練習1と2ではスペリングと発音が大きく異なる場合について、代表的なスペリングをかっこに入れて紹介しました。

◎ 練習3

単語で練習しましょう。

[black	drink	street	tree	sleep	quit]
a	I	I	I	I	i

[please	write	three	wrong	walk	card]
I	AI	I	A	A	A

[edge	waffle	song	people	help	jump]
Ē	A	A	I	Ē	u

[brush	crisp	French	ghost	spring	twist]
u	i	Ē	O	I	i

Lesson 30

①②③④⑤

母音は音の中間から発音し始めます

Er Or

Erと Orは英語ではよく現れる発音ですが、日本人がこれまで考えても見なかったような方法で、発音されます。

KEYWORD このレッスンで出てくるキーワード

←020 リラックス口　←022 ルート音

LISTEN まずは聞いてみよう

2…10

■ 音が独特であることがわかりますか？

[Er]
[Or]

NATIVE method ネイティブ・メソッド

喉 これだけでネイティブ度90%

Erも Orも母音と子音がくっついてしまった音と理解してください。ゲップエリアで喉発音して、音をまねましょう。

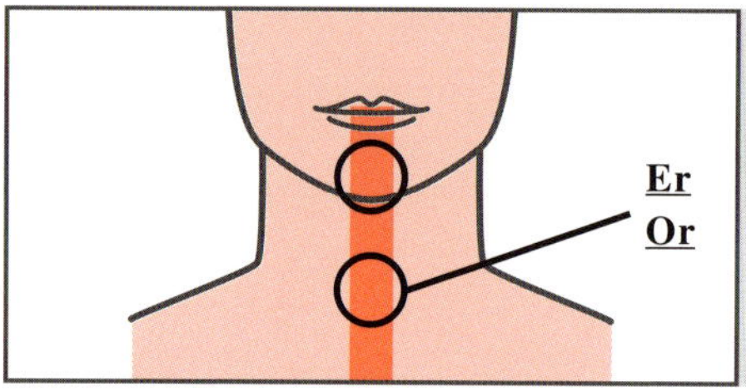

まずはErから説明を始めます。Eの発音がとてもユニークです。E音の中間地点から発音し始めて、rにスムーズに移行します。

Orもやり方は同じです。最初のOの後半だけを読み、そこからスムーズにrを発音します。

EやOの後半と言っても、母音はどこが中間地点なのか、わかりにくいですが、音を注意深く聞くことで、だいたいの判断をしてください。ErもOrも、2つの音をスムーズにつなげて喉発音してください。

発音記号で明らかですが、ここではEもOもゲップエリアで発音します。

口 ネイティブ発音まで残りの10%

口の基本は、リラックス口です。ルート音に関しては、意識しなくてもOKです。ErもOrも、ルート音＝音そのものですから、意識しなくてもできています。

TRY!! MORE もっとやってみよう

2…11

練習1

まずはあえて母音をフルに発音して練習し、そのあとで母音を後半だけ発音する練習をしてください。

[Eをフルに発音したEr　　Eを正しく後半だけ発音したEr]
[Oをフルに発音したOr　　Oを正しく後半だけ発音したOr]

練習2

Erと発音される部分を含む単語を集めました。練習しましょう。

person	girl	world	her	first	career
Er　i	Er	Er	Er	Er	Er　I

練習3

Orと発音される部分を含む単語を集めました。練習しましょう。

[or　door　poor　bored　ordinary　orchestra]
Or　Or　Or　Or　Or i eI I　Or Ē u

音のライフサイクル

リラックスした喉で音が響き、口がだらーんとしていれば、自然と努力なしに、音が完全なライフサイクルを持ちます。

SECTION

V

Throat □ のど
Breathing □ こきゅう
Vowels □ ぼいん
Consonants □ しいん
3-Beat □ スリービート
Drill □ 喉発音&3ビート ドリル
Resource Center □ 付録

Lesson 31 シラブルの正体とは

①②③④⑤

日本語と英語のリズムはかなり違っています。この違いは「シラブル」の設計の違いです。まずは日本語のシラブルが何かを理解しましょう。これが理解できれば、とてもよいことがあります。日本語のシラブルを、どのように変えれば英語のシラブルのデザインと同じになるかがわかるのです。

NATIVE method ネイティブ・メソッド

シラブルとは1拍で言える単位

シラブルとは、1拍で発音する音の単位です。英語圏においては、子供でさえもシラブルの意味がわかります。「BICYCLE（自転車）にはいくつのシラブルがありますか？」という先生の質問に対して、誰でも「3つ」と答えることができます（日本語で言うならば、「やきいも」は何文字ですか」に誰でも答えられるのに似ています）。

日本語のシラブルについて考えましょう。日本語のシラブルはたいてい1つ1つのかなにあたります。「か」は1シラブルです。「かき」は2シラブルです。「かかし」は3シラブルです。シラブルとは1拍で発音してしまう音の1つ1つを指します。

日本語は2ビート

ここでビートという考え方を勉強します。日本語のシラブルは2ビートです。「日本語のシラブルは最大で2つの音を運ぶ」という意味です。この2つの音は、多くの場合、子音-母音のペアとして現れます。

マミムメモを例にとります。下の図に示したとおり。マ、ミ、ム、メ、モの1つ1つがシラブルにあたります。1つのシラブルに母音と子音の2つが含まれていますね。このように1シラブルに2つの音が含まれていることを指して、日本語のシラブルは2ビートだと言います。

マ	ミ	ム	メ	モ
M-A	M-I	M-U	M-E	M-O
C-V	C-V	C-V	C-V	C-V
1拍目	2拍目	3拍目	4拍目	5拍目

Cは子音（CONSONANT）、Vは母音（VOWEL）を意味します。

日本語のシラブルは最大で2つの音を運びます。「最大で」ですから、場合によっては1音だけのこともあります。「あ」「い」「う」「え」「お」は1音だけを運ぶシラブルです。

グループ子音、カップル母音は1シラブルとみなし、1拍で読む

日本語には例外的に2つ以上の音を運ぶシラブルがあります。例えば、ツには3つの音が含まれます。TSUです。ただし、TSUが3つの音を持つからといって、3ビートのシラブルになるわけではありません。TSの部分はあくまでも子音がつながって発音されるグループ子音です。グループ子音は1ビートと数えてください。

ツ
TS-U
C-V
1拍

3つの音を運ぶシラブルでありながら、2つのかなで表される音もあります。キャ（KYA）、ギャ（GYA）などがその例です。ただし、3つの音が含まれるから3ビートのシラブルになるわけではありません。KYの部分は、2つの子音がつながって発音されるグループ子音です。したがって、KYAやGYAは2ビートのシラブルとなります。

キャ	**ギャ**
KY-A	**GY-A**
C-V	**C-V**
1拍	**1拍**

カップル母音を持つ単語も見てみましょう。「こい」は2つのひらがなを使いますが、たいてい1拍で発音されます。なぜでしょうか。ローマ字で書くと原理がわかります。OIはカップル母音なのです。カップル母音は1ビートで発音されます。するとKが1ビート、OIが1ビートですから、あわせて2ビートとなり、1拍で発音されます。

こ い
K-OI
C-V
1拍

2つのことを覚えておいてください。1つ目は、シラブルの運ぶ音の数が1であろうと、2であろうと、3であろうと、1シラブルは1拍で読むことです。2つ目は、カップル母音やグループ子音は1ビートと数えるということです（このことは英語でも同じですから、

覚えておいてください)。

TRY !! やってみよう

2…12

練習1

それぞれの単語が3回ずつ読まれます。最初はまず音を聞いてください。2回目は手を鳴らしながら、音を繰り返してください。3回目は、声だけで繰り返してください。

ツ	ナ	ミ
TS-U	**N-A**	**M-I**
C-V	**C-V**	**C-V**
3拍		

キャ	ベ	ツ
KY-A	**B-E**	**TS-U**
C-V	**C-V**	**C-V**
3拍		

ギャ	ク
GY-A	**K-U**
C-V	**C-V**
2拍	

コ イ
K-OI
C-V
1拍

タ	イ	コ
T-A	**I**	**K-O**
C-V	**V**	**C-V**
3拍		

次のレッスンでは、ここで学んだことを生かしながら、英語のシラブルについて勉強します。

Lesson 32 英語は3ビート

①②③④⑤

日本語は2ビートですが、英語は3ビートです。ずばり言うと、日本人の英語が通じにくい原因は、このビートの違いです。日本人が英語の聞き取りが苦手なのも、3ビートの英語を3ビートと知らずに聞いているからです。

NATIVE method ネイティブ・メソッド

英語のシラブルは3ビート

英語のシラブルは基本的に子音-母音-子音の3つの音からできています。英語のシラブルを、3席しかない乗り物の車両としてイメージしてください。シラブルが3つの音を運びますから、英語の1シラブルは3ビートです。MAN（人）という単語で考えると、Mは子音、Aは母音、Nは子音です。つまり、MANは1シラブルとなります。このことを以下のように表現します。

man

M-a-N	**manが3つの音に分かれることを意味します。**
C-V-C	**Mは子音、aは母音、Nは子音という意味です。**
1拍	**1拍で読むという意味です。**

以上が英語のシラブルの基本です。どんな複雑な単語になろうとこの基本は変わりません。

ンで終わるシラブルも1拍で

さて、もう1つ大切なことがあります。実は、日本語にも子音-母音-子音からなるシラブルがあります。「盆（ボン）」のように、ンで終わる単語がそうです。ローマ字で書くとBONなので3文字だし、ボとンをほとんど1拍で発音しますから、日本語でありながら、英語のシラブルに少しだけ似ています。

この少しだけ似ていることがやっかいな問題を引き起こします。日本人はBONを[B-O-N]ではなく[BO+N]と読んでしまいます。BとOがくっついてしまっていて、そのあとを追いかけるようにNが発音されます。つまり日本語ふうの読み方だとBONが1拍におさまりきらないのです。パン、丼（ドン）、金（キン）などの単語でも同じです。

英語らしくシラブルを発音するためには、本レッスンで勉強したように、1拍で3ビートを発音してしまわないといけません。例えば、MANという単語ですが、頭でどんなに理解していても、[Ma+N]と発音してしまうでしょう。Mとaがくっついてしまっており、それを追いかけるようにしてNが足されるのです。これだと英語のリズムが狂います。

これを直すコツがあります。シラブルを読む時の「1拍」を音楽の1音符と考えてください。そうイメージすると、3つの音を1拍に乗せやすくなります。このことができないと、英語ネイティブのリズムで読むことはできません。必ずマスターしましょう。

スペリングに注意

英語のシラブルについて考える時は、単語のスペリングに注意しましょう。英語はスペリングと読み方が一致しないことの多い困った言語です。「気をつけてください」としか言いようがありません。

カップル母音、グループ子音を1シラブルとみなし、1拍で読む

英語を正しいリズムで読むには、いろいろと気をつけることがあります。まずは、カップル母音を1つの母音として、つまり1ビートとして数えるのです（なんと、これは日本語でも同じでしたね！）。TAKEという単語で考えてみましょう。TAKEのeIはカップル母音です。3ビート分けするときには、カップル母音は1つの母音（V）として数えます。

take
T*-eI-*K
C-V-C
1拍

またグループ子音も同じように1つの子音として、つまり1ビートとして数えます（これも日本語と同じですね！）。グループ子音とは、2つか3つの連続した子音のことでした。FRIEND（友だち）という単語をつかって、説明してみます。FRもNDもそれぞれ1ビートとして数えます。

friend
***F*r-Ē-ND**
C-V-C
1拍

CAUTION

STREETのように3つの子音からなるグループ子音においても同じです。*ST*rを1ビートと数え、シラブルのいちばん最初の位置にくる1つの子音とみなします。

喉発音エリアの定位置　ゲップエリアを喉の休み場所に

さて、ここで喉発音の微調整をしましょう。シラブルに含まれる音によっては、喉が大忙しになります。シラブル内の3つのビートのすべてがアクビエリアかゲップエリアかのどちらかであれば簡単かもしれませんが、実際にはいろいろです。最初のCはアクビ、次のVはゲップ、最後のCはアクビというような忙しいパターンもあります。

どうしたら、楽に喉発音ができるでしょうか。秘密はゲップエリアを発音の「定位置」とすることです。すでに、レッスン2で触れたコンセプトですが、もう一度おさらいをします。ゲップエリアが定位置ということは次のことを意味します。

どのような単語を発音するにも、無意識のうちにゲップエリアから始めて最初の音を出しにいき、単語を発音し終えるとゲップエリアへと戻ります。

つまり､ゲップエリアとアクビエリアの間を忙しく行き来するというイメージではなく、ゲップエリアを基地とし、必要な時にだけ、アクビエリアにいくというイメージです。このことを絵で示しました。SITという単語を発音する時の、喉と発音エリアの関係を表しました。

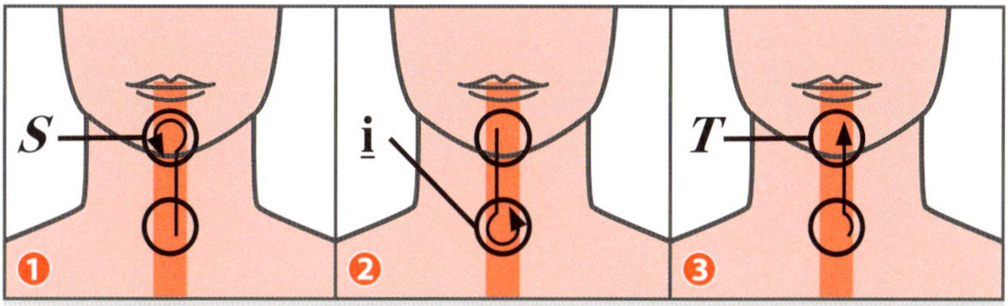

❶ *S*の発音のために、音の響きがゲップエリア（定位置）からアクビエリアへと向かう。
❷ i̲の発音のために音の響きは下方へ。ゲップエリアまで落ちたあと、次のアクビエリア音、*T*のために方向転換。
❸ *T*の発音のためにアクビエリアへ音の響きが移動する。発声自体はここで終わりますから、喉をゲップエリアに戻します（喉の筋肉の壁が下方向にたるんで休憩するということです）。

すでに勉強しましたが、最初はアクビエリアを使う音よりも、喉の深い場所であるゲップエリアを使う音の方に苦手意識を感じるかもしれません。この感覚を逆にしましょう。ゲップエリアが定位置ですから、ゲップエリアの発音こそが、最も自然に、楽にできるはずなのです。ゲップエリアを定位置にするためには、喉を完全にリラックスさせてください。

もう１つの発想の転換　3ビートは少しレイジーに

3ビートで大切なのは、スムーズに音を読むことですが、アクビエリアとゲップエリアを「点」ととらえてしまうと、音と音のつながりがぎくしゃくしてしまいます。これらの発音エリアは、ある広さを持っていることを思い出してください。音と音をスムーズにつなげるためには、発音の場所がエリアの内側に入っていればよしと考えます。

イメージ的には、喉発音エリアは野球のベースに似ています。走者はベースの真ん中を正確に触らなくてもOKです。足がベースに触れればよいのです。ベースに体の一部があたればよいのですから、ベースからベースへとスムーズに走ることができます。

ただし、音によっては、ゲップエリアでも特に深いエリアを響かせる音があったことを思い出してください。上に書いたことのせいで、これらの発音の位置が浅くなってしまってはいけません。また、アクビエリアでも特に上の方で響かせる音もありましたが、同じような注意が必要です。

TRY !! やってみよう

2…13

練習1

それぞれの単語が3回ずつ読まれます。1回目は、1つ1つの音ごとに手を鳴らしながら繰り返します。2回目は手を1度だけ鳴らして（つまり1拍で）繰り返してください。3回目は声だけで繰り返します。むずかしく考えず、お手本のとおりにやってみましょう。

man
M-a-N
C-V-C
1拍

cake
K-eI-*K*
C-V-C
1拍

take
T-eI-*K*
C-V-C
1拍

friend
*F*r-E-ND
C-V-C
1拍

hand
H-a-ND
C-V-C
1拍

street
*ST*r-I-*T*
C-V-C
1拍

have
H-a-v
C-V-C
1拍

what
W-u-*T*
C-V-C
1拍

school
SK-U-l
C-V-C
1拍

which
W-i-*CH*
C-V-C
1拍

Lesson 33 ①②③④⑤ 複数のシラブルからなる語を3ビートで読む

長い単語でも3ビートで読むだけで、簡単に発音ができるようになります。

NATIVE method ネイティブ・メソッド

基本の基本　BONのリズムを基本にしよう

英語のリズムを簡単に表してみます。響きがよいので、「BON」という音を1拍と考えて、拍子をとってみましょう。どんな単語を読むのにも、このBONのリズムを使います。

1シラブルの単語の場合	**BON**
2シラブルの単語の場合	**BON-BON**
3シラブルの単語の場合	**BON-BON-BON**

どんな単語を読む時も、BONを基本にします。Bが他の子音に変わり、Oが他の母音に変わり、Nが他の子音に変わるだけです。MANという単語を発音するならば、BONのBをMに入れ替え、Oをaに変えます（Nは偶然、同じですから変える必要はありません）。

シラブルを2つ持つ単語も、BON-BONという要領で発音します。PICNICという単語を例に考えてみましょう。BONがPICやNICに変わる際に、音の入れ替えがたくさん起こります。BとNの場所には、子音が入り、Oの場所には母音が入るかたちで、音を入れ替えます。

B-O-N/B-O-N

↓　↓　↓　↓　↓　↓

P*-<u>i</u>-*K*/N-<u>i</u>-*K

C-V-C/C-V-C

CAUTION

どうしたら、単語にいくつシラブルが含まれるかがわかるでしょうか。シラブルの数は、母音（V）の数と同じです。例えば、T<u>E</u>L<u>E</u>PH<u>O</u>NE だと、母音が3つですから、この単語は3シラブルです。ただし、カップル母音は1つの母音として数えてください。

シラブルとシラブルの連結部の読み方　子音を半分ずつ読みましょう

さて、ここからが重要です。自然な英語をしゃべるためには、シラブルとシラブルの間がスムーズに読めていないといけません。長めの単語をスムーズに3ビート読みするためには、以下のことを理解してください。

スムーズな英語はシラブルとシラブルの連結部にある２つの子音の読み方が特殊です。PICNIC（ピクニック）で、くわしく考えてみましょう。

picnic
P*-i-*K*/N-i-*K
C-V-C/C-V-C
２拍

さて下の図を見ながら次のことを理解してください。シラブルとシラブルのつながりの所にある最初の子音（C）をスウィングと呼びます。この位置にくる子音は、そのライフサイクルの中間点までだけ、つまり子音の前半だけが読まれます。連結部の後部のCをフォロースルーと呼びます。この位置にくる子音は、そのライフサイクルの中間点から最後まで、つまり子音の後半だけが読まれます。この読み方こそが、スムーズに話されている英語の秘密です。

①　②
P*- i -*K*/N- i -*K

❶ *K*はスウィング
❷ Nはフォロースルー

スウィングとフォロースルーを合わせた部分をシラブルの連結部と呼びます。下の図を参考にしてください（電車の車両の間の連結部をイメージするとよいでしょう）。

P*- i -*K*/N- i -*K

さて、なぜスウィングとフォロースルーという言葉を使うのでしょう。実は、この言葉を使うことで、あるスポーツの要領を使った練習法が可能になるのです。野球のバッティングで考えてみましょう。バットを動かし始めてからバットに球があたるまでだけをスウィングと呼びます。バットと球があたるあたりからバットを完全に振り切ってしまうまでをフォロースルーと呼びます。

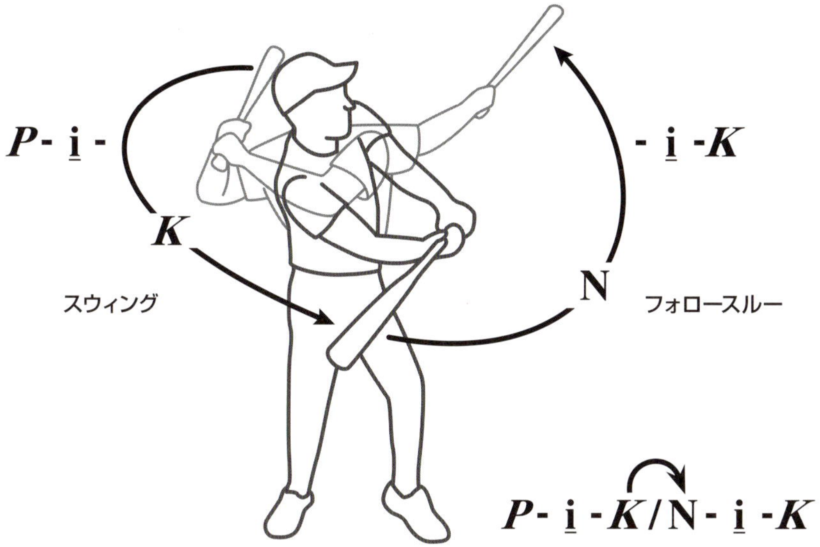

素振りのまねをしながら、長めの単語を読むと、シラブルの連結部をスムーズに読む練習になります。また、これをマスターすると単語全体をスムーズに読むことができるようになります。

PICNIC[P-i-*K*/N-i-*K*]を使って練習しましょう。バットを握ったつもりの両腕が、ボールがあたる点にくるまでの間に、スウィングの*K*を発音します。この*K*は音の前半だけを発音します。ボールがあたるところから両腕を振り切るまでの間に、フォロースルーのNを発音します。このとき、Nは音の後半だけを発音します。

最初はゆっくりの素振りで練習しますが、少しずつスピードを出しましょう。特に大切なのは、スウィングとフォロースルーをなめらかにつなげることです。野球の打者の素振りははじめから終わりまでスムーズですが、発音もこれと同じです。息をコンスタントに出し続けることで、単語全体をスムーズに読んでください。

「子音を半分だけ読むなんてむずかしい」と思われたかもしれません。発想を転換してください。音の半分を正確に読めるようになるからスムーズに読めるようになるということではありません。シラブルとシラブルの間をスムーズに読めていれば、自然と、スウィングは音のだいたい半分まで、フォロースルーは音のだいたい半分からを読むことになるのです。

シラブルが1つの単語で説明しましたが、シラブルが2つ以上に増えても、シラブルの連結部の読み方は同じです。

がんばってがんばらない

子音のライフサイクルの中間点がどこかに関しては、子音のセクションですでに説明しました。とはいえ、英語ネイティブでさえも、いつも正確に中間点をとらえているわけではありません。スウィングにくる子音とフォロスルーにくる子音の相性によっては、少し中間点がずれることがあります。

さて「相性」とはどういうことでしょうか。シラブルの連結部において出くわす子音どうしには相性があります。特にスウィングのLとスウィングのNの場合は、次にくるフォロースルーとの相性が合いにくいのです。

LとNの中間点は本来は舌が口の屋根につくまでのはずですが、次に続くフォロースルーの子音によっては、舌が口の屋根につかないままで発音されてしまいます。例えばMAILMAN [M-eI-l/M-a-N]のLは舌が口の屋根につかないところで終わってしまいます（Lがまったく発音されていないのではありません）。

あまりにもまじめに中間点まで読んでしまうと、次にくるフォロースルーの子音をスムーズに読みにくくなってしまいます。だから、英語ネイティブの発音でさえ、フォロースルー子音に何がくるかによって、スウィング子音の中間点が微妙に変化します。子音の中間点を正確にとらえることよりも、スウィングとフォロースルーのつながりを、心地よく、スムーズにすることを目標にしてください。スムーズに読めていれば、自然と、スウィングとフォロースルーをうまく発音できます。

最初は、少し考えなければいけないかもしれませんが、音を聞き、リズムに乗って練習すれば、無意識でもできるようになります。

TRY !! やってみよう

2…14

練習1

最初はまず音を聞いてください。2回目は手を鳴らしながら、音を繰り返してください。3回目は、声だけで繰り返してください。

picnic
P-i-***K***/N-i-***K***
C-V-C/C-V-C
2拍

tennis
T-Ē-N/N-i-***S***
C-V-C/C-V-C
2拍

college
K-A-l/l-i-J
C-V-C/C-V-C
2拍

classroom
Kl-a-***S***/r-U-M
C-V-C/C-V-C
2拍

happen
H-a-***P***/***P***-i-N
C-V-C/C-V-C
2拍

baseball
B-eI-***S***/B-A-l
C-V-C/C-V-C
2拍

hometown
H-O-M/***T***-aU-N
C-V-C/C-V-C
2拍

mailman
M-eI-l/M-a-N
C-V-C/C-V-C
2拍

laptop
l-a-P/***T***-A-***P***
C-V-C/C-V-C
2拍

railroad
r-eI-l/r-O-D
C-V-C/C-V-C
2拍

Lesson 34 子音が足りない時の3ビート

①②③④⑤

英語はスペリングと音の関係がいいかげんです。そのせいで、どうやって3ビートで読んだらよいのかがわかりにくい単語がたくさんあります。例えば、子音-母音-子音ごとのかたまりに分けようにも、子音が足りない単語があります。どうしたらよいでしょうか。とても大切なレッスンですから、必ずマスターしてください。

NATIVE method ネイティブ・メソッド

やりかた

子音-母音-子音（C-V-C）ごとのシラブルに分けていくにも、子音（C）の数が足りない単語があります。TALENT（才能）という単語が良い例です。母音が2つありますから、明らかに2シラブルの単語です。英語ネイティブは、3つの音ごとに単語を分けて考えますから、最初の3音TALまでが1シラブルであることは簡単にわかります。ですが、そのあとが、うまくC-V-Cのパターンに乗りません。以下に示すとおり、子音が足りず、穴ができてしまいます。穴は#の記号で表しました（井戸をイメージしてください）。

talent
T*-<u>a</u>-l/#-<u>i</u>-N*T
C-V-C/C-V-C
2拍

つまりフォロースルーが欠けています。このように、穴があいている場所では、となりの子音（C）を借りてきて穴埋めします。穴の左にある子音（l）を右側へとコピーします。このことを「右へコピー」と呼びましょう。結局、次のように発音します。

T*-<u>a</u>-l/ l-<u>i</u>-N*T
C-V-C/C-V-C
2拍

つまり、シラブルに分けて、音が足りない場合は、となりの子音をコピーをすればよいのです（本レッスンでは「右へコピー」を学びましたが、このあとのレッスンでは「左へコピー」も登場します）。

日本語の単語で考えてみよう

英語、外国語に限らず、言葉を読む時に、英語ネイティブは常に3ビートのルールを使います。寝言を言うときでさえ、英語ネイティブは、3ビートで発音します。日本語を始めて間もなければ、英語ネイティブは日本語でさえ、3ビートで読んでしまいます。

ここで、あえて日本語を使って考えて理解を深めましょう。英語ネイティブが、初めて出会った単語をどのように情報処理をするかを考えることができます。「きもの」という単語ですが、英語ネイティブが初めて見たとします。頭で何が起こるでしょうか。まず単語の最初の方から、C-V-Cのパターンにはめようとします。子音が足らず、穴が3つできてしまいました。

kimono
***K*-I-M/#-O-N/#-O-#**
C-V-C/C-V-C/C-V-C
３拍

英語ネイティブは、3ビートで読むために、これらの穴を子音で埋めます。穴の左側にある子音を、右へコピーします。

***K*-I-M/M-O-N/N-O-#**
C-V-C/C-V-C/C-V-C
３拍　（最後のＣＶＣは完全なものでありませんが、１拍として数えます）。

英語ネイティブは、Mを右へコピー、Nを右へコピーして、2つの穴を埋めました。語尾の穴に関しては、コピーできる子音がとなりにありません。この場合は、何もせずにほうっておきましょう。#の記号が目障りかもしれませんが、しかたがありません。

3ビート練習の工夫

このように3ビートの練習は、必ずしも英単語でする必要はありません。英語ネイティブは、どんな言葉であっても、3ビートで読むからです。言い換えると、英単語以外の言葉でも3ビートで読めて初めて、英語発音をマスターしたことになります。

日本語は特に子音の穴が多いので、3ビートの良い練習になります。街の看板、雑誌の表紙、広告などに書かれたローマ字の言葉で、3ビート分けの練習をしましょう。英語ネイティブが言葉に対して持つリズム感に慣れることができます。

やってみよう

練習1

穴埋め前の状態と、穴埋め後の状態を比べて、子音の右コピーがどのように起こったのかを理解してください。次は発音練習です。単語が2回ずつ読まれます。1回目は手を鳴らしながら、2回目は、声だけで繰り返してください。

talent
T-a-l/#-i-N*T*（穴埋め前）
T-a-l/ l-i-N*T*
C-V-C/C-V-C
2拍

kimono
K-I-M/#-O-N/#-O-#（穴埋め前）
K-I-M/M-O-N/N-O-#
C-V-C/C-V-C/C-V-C
3拍

because
B-I-*K*/#-u-Z（穴埋め前）
B-I-*K*/*K*-u-Z
C-V-C/C-V-C
2拍

within
W-i-*th*/#-i-N（穴埋め前）
W-i-*th*/ *th*-i-N
C-V-C/C-V-C
2拍

Japanese
J-a-*P*/#-i-N/#-I-Z（穴埋め前）
J-a-*P*/*P*-i-N/N-I-Z
C-V-C/C-V-C/C-V-C
3拍

thousand
th-aU-Z/#-i-ND（穴埋め前）
th-aU-Z/Z-i-ND
C-V-C/C-V-C
2拍

Japan
J-u-*P*/#-a-N（穴埋め前）
J-u-*P*/*P*-a-N
C-V-C/C-V-C
2拍

began
B-I-G/#-a-N（穴埋め前）
B-I-G/G-a-N
C-V-C/C-V-C
2拍

difficult
D-i-*F*/*F*-i-*K*/#-u-*lT*（穴埋め前）
D-i-*F*/*F*-i-*K*/*K*-u-*lT*
C-V-C/C-V-C/C-V-C
3拍

finish
F-i-N/#-i-*SH*（穴埋め前）
F-i-N/N-i-*SH*
C-V-C/C-V-C
2拍

nothing

N-u-*th*/#-I-NG（穴埋め前）

N-u-*th*/*th*-I-NG

C-V-C/C-V-C

2拍

Lesson 35 ぎざぎざエッジを持つ単語

①②③④⑤

子音-母音-子音のパターンに必ずしも合わないのが、単語のはじまりと終わりです。例えば、子音から始まっていない単語をどうしたらよいでしょうか。

NATIVE method ネイティブ・メソッド

単語の最初と最後では、C-V-Cが不完全なこともあります

前のレッスンでは「きもの」で3ビート分けの練習をしました。子音-母音-子音のパターンでシラブルに分け、子音が足らなければ、子音をとなりからコピーしてくることを学びました。

ただ、「きもの」の語尾のOの右にあった穴（#）はどうすることもできませんでした。借りてくる子音がとなりにないからです。これはこれでOKです。となりに子音がないので、コピーのしようがないケースは英語でも多く起こります。

このことは語頭でも起こります。母音から始まる単語がそうです。例えばIF、AS、APPLEという単語は、子音から始まりませんから、子音-母音-子音のルールに合わせるのは無理です。借りてくる子音がとなりにないのですから、しかたがありません（ただし、これらの単語が文中に出てくる場合は、別です。レッスン44で勉強します）。

つまり単語の両端に関してはC-V-Cのパターンが不完全でもよいということです。したがって以下のことが言えます。

- **単語の最初のシラブルはV-Cで始まっていてもかまわない。**
- **語尾はC-VあるいはCだけで終わっていてもかまわない。**

C-V-Cパターンが不完全な端をもった単語を「ぎざぎざエッジの単語」と呼びましょう。エッジとは「端」のことです。紙テープをちぎった時に、両端がぎざぎざになってしまうイメージです。

とても大切なことが1つあります。ぎざぎざエッジであっても、1シラブルとみなし、1拍で発音してください。

さっそく練習を通じて理解しましょう。

TRY !! やってみよう

2…16

練習1

単語が2回読まれます。1回目は手を鳴らしながら、音を繰り返してください。2回目は、声だけで繰り返してください。

if
#-i-*F*
C-V-C
1拍

it
#-i-*T*
C-V-C
1拍

as
#-a-Z
C-V-C
1拍

to
T-U-#
C-V-C
1拍

the
th-u-#
C-V-C
1拍

and
#-a-ND
C-V-C
1拍

eat
#-I-*T*
C-V-C
1拍

apple
#-a-*P*/*P*l-#-#
C-V-C/C-V-C
2拍

always
#-A-l/W-eI-Z
C-V-C/C-V-C
2拍

into
#-i-N/*T*-U-#
C-V-C/C-V-C
2拍

Lesson 36 ①②③④⑤ グループ子音が連結部にくるとどうなる

これまで日本人がまったく意識もしていなかった読み方を紹介します。「だから、日本人の英語が通じにくかったのか」と納得されることでしょう。

NATIVE method ネイティブ・メソッド

グループ子音と意外なシラブル分け

英語の変則的なスペリングのせいで、日本人は苦労します。特に、シラブルの連結部にグループ子音を持つ単語では、どこからどこまでがシラブルなのかが、日本人にはわかりにくくなります。例を見てください。

- **ABROADはAB/ROADと分けそうですが、実はAB/BROADです。**
- **PEOPLEはPEOP/Lと分けそうですが、実はPEOP/PLEです。**
- **ENGLISHはENG/LISHと分けそうですが、実はENG/GLISHです。**

どの単語もシラブルの連結部にグループ子音があります。ABROADではBR、PEOPLEではPL、ENGLISHではGLです。これらはグループ子音の中でも、とくに絆（きずな）の強い組み合わせです。シラブルの連結部に絆の強いグループ子音があると、子音と子音がくっついたまま離れにくいため、シラブルの分け方に影響を与えます。

理屈が面倒な人は、そういうこともあると納得するだけで練習に進んでください。理屈を知っておきたい方は、例を見ながら考えてみましょう。

例1　ABROAD

C-V-Cごとに分けるとすると、思わずAB/ROADと分けてしまいそうになります。というのも、これまで勉強したように、AB/ROADと分けてしまえば、（第1シラブルがぎざぎざ端になるものの）C-V-Cの構造が完成するからです。ところが、本当の発音はAB/BROADです。Bが両方のシラブルにとられています。何が起こったのでしょうか。

こうイメージしてください。第1シラブルと第2シラブルが、Bをめぐって、綱引きの勝負をしたが、事情で、両方がBをもらうことにした……と。

まずは、第2シラブルの事情を考えます。BRはグループ子音です。BRはよく現れる組み合わせです。BREADやBREAKという単語でもわかりますが、BRは特に、シラブルの頭に現れます。ですから、ネイティブの無意識の中では、シラブルの先頭ではBとRは離すことができないという感覚があります。結果、第2シラブルはBを獲得しました。

次になぜ第1シラブルもBを獲得できたかを考えましょう。これは、子音の穴埋めによる結果です。Bを第2シラブルに奪われてしまいましたが、第1シラブルとしてもC-V-Cの体裁をとらなければいけません。そこで、右隣のBを「左へコピー」しました。穴を埋めるという3ビートの原則のおかげで、第1シラブルもBを獲得できました。以上を表すと次のようになります。

abroad
#-u-#/Br-Au-D　「左へコピー」前
#-u-B/Br-Au-D　「左へコピー」後
C-V-C/C-V-C
2拍

例2　PEOPLE

皆さんが論理だけで考えるとPEOP/LEにしてしまうかもしれません。これまで勉強した要領を当てはめるならば、最初のシラブルをC-V-Cでそろえるのが普通だからです。

実はPEOP/PLEが正しい読み方です。*P*が第1シラブルと第2シラブルの両方にきています。*P*をめぐって、どんな綱引きがあったのでしょうか。

上の例1で見たこととまったく同じことが起こりました。*P*Lは結びつきの強いグループ子音です。したがって、第2シラブルがまず*P*を獲得し、*P*-I-#/*P*l-#-#となります。ただし、第1シラブルも、子音の穴を埋めるために、となりから*P*をもらってきます。第1シラブルが*P*を獲得できたのは、3ビートの原則のおかげです。

people
***P*-I-#/*P* l- #-#　「左へコピー」前**
***P*-I-*P*/*P* l- #-#　「左へコピー」後**
C-V-C/C-V-C
2拍

例3　ENGLISH

ENGLISHも似たような例ですが、少し変わっています。ENG/LISHで分けて、満足してしまいそうになりますが、実際は違います。正しい発音は次の通りです。Gが両方のシラブルにきています。

English
#-I-NG/#l-i-*SH*　or　#-I-N#/Gl-i-*SH*？　綱引き前
#-I-NG/Gl-i-*SH*　綱引き後
C-V-C/C-V-C
2拍

シラブルどうしの間で、どんな綱引きが起こったのでしょうか。上で見た例1と例2の場合に似ていますが、ENGLISHという単語は、相性の良いグループ子音を2つも含んでいます。NGとGLです。

NGはシラブルの終わりによく現れます（例：SONG）。GLはシラブルのはじめにも、終わりにも現れます（例：GLAD、EAGLE）。英語ネイティブの無意識の中では、よく見かける位置に現れるNGやGLを離ればなれにしてはいけないという感覚があります。したがって、上で示したように、NGとGLが、それぞれくっついたままになるのです。つまり、第1シラブルも、第2シラブルも同じ理由でGを獲得したということになります。

このことは、ネイティブの無意識の中で起こっていることなので、なかなかわかりにくいことです。実際の音をよく聞くことで、皆さんもだんだんとわかるようになるでしょう。

TRY !! やってみよう

2…17

練習1

単語が2回読まれます。1回目は手を鳴らしながら、音を繰り返してください。2回目は、声だけで繰り返してください。

English
#-I-NG/Gl-i-*SH*
C-V-C/C-V-C
2拍

people
P-I-*P*/*P* l-#-#
C-V-C/C-V-C
2拍

abroad
#-u-B/Br-Au-D
C-V-C/C-V-C
2拍

table
T-eI-B/Bl-#-#
C-V-C/C-V-C
2拍

celebrate
S-Ē-l/l-u-B/Br-eI-*T*
C-V-C/C-V-C/C-V-C
3拍

April
#-eI-*P*/*P*r-u-l
C-V-C/C-V-C
2拍

between
B-I-*T*/*T*W-I-N
C-V-C/C-V-C
2拍

simple
S-i-M*P*/*P* l-#-#
C-V-C/C-V-C
2拍

mountain
M-aU-N*T*/*T*-i-N
C-V-C/C-V-C
2拍

introduce
CD #-i-N*T*/*T*r-O-D/D-U-*S* or #-i-N*T*/*T*r-u-D/D-U-*S*
C-V-C/C-V-C/C-V-C
3拍

Lesson 37 Dみたいに聞こえるT

①②③④⑤

アメリカ英語では、「Tはラ行の音になることがある」とか「TはDと読む」という言い方を聞いたことがあるかもしれません。例えば、BETTERをベラーあるいはBEDERと発音すると、従来の方法は指導します。これは勘違いです。

Tの代わりにラ行を使うと、日本人の耳には、ネイティブっぽく聞こえますが、英語ネイティブにはまったく違う音に聞こえます。Tの代わりにDを使った場合は、とんでもないほどおおげさに発音しているように英語ネイティブの耳に響きます。

この現象が起こるのは、T音が2つつながるときです。3ビートで、正しく発音しましょう。

KEYWORD このレッスンで出てくるキーワード

←080 風キャッチ

NATIVE method ネイティブ・メソッド

*TT*はなぜ普通の*T*の音と違って聞こえるのでしょうか。普通の*T*として発音しても実はOKです。ただし、自然に、カジュアルにしゃべる時は、2番目の*T*（フォロースルーの*T*）が少しDのような発音になります。これをソフトDと呼び、小文字のdで表します。なぜソフトDが生まれるのでしょう。レタスという単語を例に考えます。

lettuce
l-<u>E</u>-*T*/*T*-<u>i</u>-*S*（l-<u>E</u>-*T*/d-<u>i</u>-*S*）
C-V-C/C-V-C
2拍

確認してください。最初の*T*はスウィング、2番目の*T*はフォロースルーです。つまり、最初の*T*はT音の前半だけ（舌が口の屋根につくまで）、2番目の*T*はT音の後半だけ（舌が口の屋根からはずれてから）を読みます。そして、2拍でこの単語を読んでください。すると、自然と、フォロースルーの方が、ソフトDとして発音されます。なぜでしょう。

お話を使って説明します。*TT*を2人の兄弟と考えてください。最初の*T*、つまりスウィング*T*はお兄さんです。2番目の*T*、つまりフォロースルー*T*は弟です。

離ればなれで活躍することも多い2人ですが、たまに同じ単語の中でとなりどうしになることがあります。そんな時、やさしいお兄さんTは弟Tをついつい甘やかしてしまいます。どういうことでしょう。お兄さんTのほうが重労働を買ってでます。まずお兄さんTは、重たい舌を口の屋根につけにいきます。お兄さんはまた、面倒な風キャッチも当然の仕事としてこなします。

お兄さんが何から何までやってしまうので、弟Tの仕事は、たった1つしかありません。口の屋根から舌をはずすだけ（お兄さんがすでに舌を持ち上げてくれました。風キャッチはそもそも弟の仕事ではありません)。結果、弟Tの音は、メリハリを失ったような音になります。

T音に特有のメリハリがないために、弟Tはレイジーだと思われています。舌を屋根からはずすだけが仕事です。だから、音のほとんどが、喉が鳴る音だけになるのです。ただし、根っからレイジーなわけではありません。弟Tが1人で単語に現れる時は、舌を屋根に持っていく仕事をしなければなりませんから、弟Tも*T*らしい音を出します。

ソフトDについてはある注意が必要です。*T*がD̲に化けたわけではありませんから、わざとD̲を言わないでください。D̲はゲップエリア発音です。いくら、*T*がD̲のように聞こえたとしても、ネイティブは、TTをやはり*TT*として発音しようとしています。アクビエリアが発音エリアです。そういう意味でも、ソフトDは、完全なD̲ではありません。

例外もあります。皆さんが、人前でしゃべっていて、言葉をはっきり強調したいとします。シラブルの連結部分に*TT*がくる言葉を強調したい場合は、両方の*T*で風キャッチをします。スウィングの*T*での風キャッチはあたりまえですが、フォロースルーでも風キャッチをするのです。これは*CH*でする風キャッチに似ていて、舌が口の屋根からはずされ、降りてくる時に、風キャッチが起こります。舌の先が、真上を通りすぎていく風を妨害しながら降りてくる感じです。すると両方の*T*がメリハリを持った音になります。

ちなみにイギリス英語では、上で説明したように両方の*T*で風キャッチをすることが普通です。

CAUTION

スペリングにはTが1つしかないのに、音としては*T*が連続して現れる単語が多くあります。以下の「やってみよう」には、TITLE、BEAUTIFULなどの、多くの例が登場します。3ビートで考えた時に、音として*T*が連続していれば、本レッスンで勉強した読み方を使います。

TRY !! やってみよう

2…18

練習1

まずは正しい3ビート読みを理解したあとで、発音練習してください。単語が2回読まれます。1回目は手を鳴らしながら、音を繰り返してください。2回目は、声だけで繰り返してください。

lettuce
l-Ē-*T*/*T*-i-*S*（l-Ē-*T*/d-i-*S*）
C-V-C/C-V-C
2拍

little
l-i-*T*/*T* l-#-#（l-i-*T*/dl-#-#）
C-V-C/C-V-C
2拍

kettle
K-Ē-*T*/*T* l-#-#（*K*-Ē-*T*/dl-#-#）
C-V-C/C-V-C
2拍

title
T-AI-*T*/*T* l-#-#（*T*-AI-*T*/dl-#-#）
C-V-C/C-V-C
2拍

beautiful
B-IU-*T*/*T*-i-*F*/*F*-u-l（*B*-IU-*T*/d-i-*F*/*F*-u-l）
C-V-C/C-V-C/C-V-C
3拍

custom
K-u-*ST*/*T*-u-M（*K*-u-*ST*/d-u-M）
C-V-C/C-V-C
2拍

hospital
H-A-*SP*/*SP*-i-*T*/*T*-u-l（*H*-A-*SP*/*SP*-i-*T*/d-u-l）
C-V-C/C-V-C/C-V-C
3拍
! *H*-A-*SP*/*SP*-i-*T*/*T*-u-l（*H*-A-*SP*/*SP*-i-*T*/d-u-l）でもOK

meeting
M-I-*T*/*T*-I-NG（M-I-*T*/d-I-NG）
C-V-C/C-V-C
2拍

often

CD #-A-*FT*/*T*-i-N (#-A-*FT*/d-i-N)　or　#-A-*F*/*F*-i-N

C-V-C/C-V-C

2拍

United States

#-IU-N/N-AI-*T*/*T*-i-D　*ST*-eI-*TS*

(#-IU-N/N-AI-*T*/d-i-D　*ST*-eI-*TS*)

C-V-C/C-V-C/C-V-C　C-V-C

3拍　1拍

Lesson 38 *S*が連結部にある時に起こる妙な現象

①②③④⑤

英語のスペリングがあまりに不規則なので、どうしても読み方がわかりにくいことがあります。スペリングと読み方があまりに違っているケースを勉強しましょう。

NATIVE method ネイティブ・メソッド

シラブルの連結部においてSが登場すると、スペリングと読み方の関係がわかりにくくなることがあります。

CAUTION

本レッスンでは、使われるアルファベットが発音記号を指すのか、スペルを指すのかわかりにくいことがあります。発音記号の方をかっこに入れました。

Sを[Z]と読むケース

Sを[Z]と読む場合があります。

visit
v-i-Z/Z-i-*T*
C-V-C/C-V-C
2拍

SSを[SH]と読む場合

Sがシラブルの連結部に2回現れる単語では、Sが[*SH*]と発音されることがあります。PASSIONが良い例です。*SH*がスウィングとフォロースルーとして2回現れることに注目してください。

passion
P-a-*SH*/*SH*-i-N
C-V-C/C-V-C
2拍

ちなみに、*SH*は*S*と*H*が一緒になったグループ子音です。このグループ子音がスウィングとフォロースルーの場所の両方に現れているところがおもしろい点です。グループ子音によっては、片方だけが、コピーされることがあります。

CAUTION

グループ子音が連結部にきた場合、そのグループ子音の全部がコピーされるケース（例：PASSION）と、一部だけがコピーされるケースがあります。一部だけがコピーされる例は、GOLDEN（GOlD-DiN）やDOCTOR（DA*KT*-dEr）があります。よく聞くことと、わからなかったらネイティブに尋ねることで少しずつ勉強してください。ただし、少し間違ったからといって、英語が通じなくなるわけではありません。

Sを[zh]と読むケース

Sが[zh]と読まれることがまれにあります。ZHが、スウィングとフォロースルーとして2回現れます。

vision
v-i-zh/zh-i-N
C-V-C/C-V-C
2拍

CAUTION

zhは普通スウィングとフォロースルーとして連続的に現れます。ただし例外があります。フランス語から取り入れられた単語においては語尾に現れます。

massage
M-u-*S*/*S*-A-zh
C-V-C/C-V-C
2拍

TRY !! やってみよう

2…19

練習1

単語が2回読まれます。1回目は手を鳴らしながら、音を繰り返してください。2回目は、声だけで繰り返してください。

visit
v-i-Z/Z-i-*T*
C-V-C/C-V-C
2拍

season
S-I-Z/Z-i-N
C-V-C/C-V-C
2拍

present
Pr-E-Z/Z-i-N*T*
C-V-C/C-V-C
2拍

special
SP-E-*SH*/*SH*-u-l
C-V-C/C-V-C
2拍

passion
P-a-*SH*/*SH*-i-N
C-V-C/C-V-C
2拍

machine
M-u-*SH*/*SH*-I-N
C-V-C/C-V-C
2拍

Asia
#-eI-zh/zh-u-#
C-V-C/C-V-C
2拍

Asian
#-eI-zh/zh-i-N
C-V-C/C-V-C
2拍

vision
v-i-zh/zh-i-N
C-V-C/C-V-C
2拍

massage
M-u-*S*/*S*-A-zh
C-V-C/C-V-C
2拍

Lesson 39 ①②③④⑤

中継地点　なぜ3ビートがそれほど大切なのか

ここまでで、3ビートの基礎については、すべてをお教えしました。ここで「中継地点」として、なぜ3ビートがそれほど大切なのかをお話しします。

3ビートは絶対的に大切です。英語ネイティブは、3ビートを期待しながら人の英語を聞きます。2ビートの英語が聞こえてくると、当然、聞き手は困惑します。2ビートの英語はむずかしいパズルのようです。日本人の英語は3つ必要なのに、2つしか情報をくれません。英語ネイティブの頭は、このむずかしいパズルを解くのにフル回転します。もちろん、日本人自身も聞き取りに苦労します。英語は3ビートだと意識せずに聞いているのですから。

逆はどうでしょうか。英語ネイティブにとって2ビートの日本語はそれほどむずかしくありません。3ビート言語の話者は音を1つ1つ聞き取ることができます。したがって、2ビート言語を初めて聞いたとしても、少し慣れれば、その言語が2ビートであることがわかります。2ビートに気づくから、2ビートでしゃべれますし、2ビートを意識しながら音を聞けます。皆さんも、3ビートである英語を3ビートとしてしゃべり、3ビートとして聞けば、すべてが解決します。

なぜ日本人英語は聞き取りにくいか

2ビートでしゃべられた日本語英語は、なぜ外国人を苦労させるのでしょう。プレゼンテーションという単語を例にとって、秘密を探りましょう。まずは2ビートの日本語発音から考えます。記号で表すと以下のようになります。

P-U/R-E/Z-E- N/T-EI/SH-O-N
C-V/C-V/C-V+C/C-V /C -V+C

一方、英語ネイティブは同じ言葉を次のように、3ビートで発音します。

***P*r-E̅-Z/Z-i -N/*T*-eI-*SH*/*SH*-u-N**
C -V-C/C-V-C/C-V-C /C -V-C

さて、この2つの例について、いろいろ考えてみましょう。

2ビートで発音された日本語英語は理解しにくい

日本人が「プレゼンテーション」と発音した時に、英語ネイティブの「3ビート耳」にはどう響くでしょうか。2ビートで発音された単語には、たくさんの穴が開いているように響きます。その穴を想像で埋めながら、英語ネイティブは、日本人が何を言っているかを想像しなければなりません。この想像のプロセスを下の図で示してみました。

❶ ❷ ❸ ❹ ❺ ❻ ❼ ❽

P-U-#/R-E-#/Z-E-N/T-EI-#/SH-O-N
C-V-C/C-V-C/C-V-C/C-V -C/C -V-C

■ カタカナ英語は英語ネイティブの3ビート耳にはこう響く

❶ あれ、なぜかUが聞こえた。
❷ スウィングの子音がくるはずの場所が開いたままだ。何が欠けているのだろう。
❸ この音は l のようにも聞こえるが、たぶんrだ。そうすると、さっきの穴はrで埋めるのだな。
❹ あれ、またスウィングの子音がない。次のZを聞いて初めて、その空間にはZがくるべきだったと想像。
❺ いったい、この母音は何だろう。本当は i じゃないといけないが、その音が日本語にはないので、代わりにEが使われているのだと想像。
❻ EIは正確にはeIでないといけないが、似ているので理解できる。
❼ あれ、またスウィングの子音がない。次の*SH*を聞いて初めて、その空間には*SH*がくるのだと想像。
❽ いったい、何の母音かを想像する。この母音はuでないといけないが、日本語にはない音なので、代わりに日本語のOが使われているのだろうと想像。

これらは、単語が発音された直後の一瞬に、英語ネイティブの頭を駆けぬける情報です。後戻りしながら想像したことを確認しますから、かなりむずかしいパズルです。

実際には、プレゼンテーションは、想像がつきやすい単語です。少なくとも、単語が発せられた瞬間にパズルに取り組めます。単語によっては、想像がまったく無理なものもあります。そういう時には、単語を聞いたあとで、英語ネイティブは、「いま聞いた音は、自分が知っている英単語のどれにいちばん近いだろう」と頭をひねります。

3ビートで発音された英語なまりの日本語は簡単

次に英語なまりの日本語発音が、日本人の耳にはどう響くかを考えましょう。日本語初心者の英語ネイティブが、3ビートで次のように言ったとします。「*P*r-E-Z/Z-i-N/*T*-eI-*SH*/*SH*-u-N/-#-O-W/*K*-I-*T*/*T*-eI-Y/*K*-U-D/D-u-*S*/*S*-AI-Y」(プレゼンテーションを聞いてください)。日本人は「なまっている」と思うかもしれませんが、意図を、比較的簡単に理解できます。なぜでしょう。

3ビートで発音される単語には、2ビートを期待して耳を傾けている日本人に必要以上の情報を与えます。ヒントがふんだんにあるパズルのようなものです。次の図では、英語ネイティブの3ビート発音を、日本人の2ビート耳がどう聞くかを分析しました。

Pr-<u>r</u>-Ē-Z/Z-<u>i</u> -N/***T***-eI-***SH***/***SH***-<u>u</u>-N

C -V-C/C-V-C/C-V -C /C -V-C

■ **英語なまりの日本語はネイティブの耳にこう響く**

❶ （Uがないのでプにならないはずだが）プに聞こえるぞ。レもしっかり聞こえるぞ。

❷ <u>i</u>は日本語にはない音だが、日本人の感覚で似た音のEに変換して理解。

❸ eIの発音は少し日本語のエイと違うが、問題なく理解。

❹ <u>u</u>は日本語にはないが、日本人の感覚で似た音のOに変換して理解される。

2ビート耳の日本人が理解するために十分な情報が含まれています。よけいな音がたくさん混ざりますし、音のフルサイクルが完全なので、あふれるほどの音が含まれますが、2ビート耳はこれらの情報を無視することができます（2ビート耳は「英語ネイティブは音が長めだなあ」と納得します）。

もちろん、日本人もある程度は想像をしなければなりません。それにしても、英語ネイティブが日本人の英語を聞く時よりも、はるかに楽です。英語ネイティブが2ビートの英語を理解するためには、後戻りしながら考えなければならないのですから。

練習を再開しましょう

それでは、3ビートの勉強を続けていきましょう。ここからは細かい内容をカバーします。3ビートをマスターすれば、皆さんの聞き取り能力が爆発的に向上します。3ビートの言語を3ビートを期待しながら聞くから、聞けるようになるのです。また英語ネイティブあるいは、その他の外国人が皆さんの英語を簡単に理解するようになります。意味を問い返されることも、急に少なくなるでしょう。

ADVICE

-tionの正しい発音は[*sh*-<u>u</u>-N]ですが、たまに[*sh*-<u>i</u>-N]と発音されることがあります。これは手抜きの発音です。この音の組み合わせ（-tion）では、なぜか、<u>u</u>よりも<u>i</u>の発音をネイティブは楽に感じます。この二つの音は、異なる音ですが、-tionという音の中で起こるときは、それほど違って聞こえません。手抜き発音をしていても、ネイティブでさえ、その自覚がありませんし、聞き手としても、音の違いに気がつかないようです。

Lesson 40 特殊な語尾の読み方

①②③④⑤

日本人は時に、がんばりすぎて、すべての音をはっきりと読んでしまいます。実は英語では、音を部分的にだけ発音することがたまにあります。音をすべて発音しなくてもどうせ伝わるというのが理由です。その一例を勉強します。

NATIVE method ネイティブ・メソッド

語尾にB、D、l、M、N、*P*、*T*がくる単語についてあることをお教えします。そのような単語の例としては、BOB、BED、TELL、COME、PEN、TOP、BUTなどがあります。

些細な点ですが、ネイティブっぽさを出すためには、これらの単語の最後の音を音のライフサイクルの中間までで切ってしまい、スウィングとしてだけ発音します。

いつもそうするというわけではありません。フィーリングにまかせて、ある時はスウィング止めで発音したり、ある時は音のすべてを発音するのが、ネイティブ流です。レッスン44では、文章の3ビート読みを勉強しますが、発話の最後にくるB、D、l、M、N、*P*、*T*を、このように適当に読むのはネイティブらしいやり方です。

何か大切なことを伝えたい時は、単語の最後の子音を、わざとライフサイクルの最後まで、きちんと発音するとよいでしょう。特に人の前でスピーチをする時には、言葉をはっきり伝えたいものです。逆に、普通の会話などで、自然なスピードでしゃべっている場合は、最後の子音を中間までだけ発音します（B、D、l、M、N、*P*、*T*に限ったことです）。

１つだけ覚えておいてください。語尾の子音を半分だけ発音することにしたからといって、シラブルを１拍で読むことには変わりありません。

lと*T* 特記事項

lも*T*も、厳密には、舌が口の屋根につくまでがライフサイクルの前半です。上で勉強したことを厳密に当てはめるなら、lか*T*の音で最後に舌がついたところで終わってもよいとなりますが、実際はもっと早めで終わることもOKです。カジュアルに発音するならば、舌を口の屋根につけないところで終わってしまってもOKです。

TRY !! やってみよう

2…20

練習1

単語の語尾にくる子音を、最初は普通に（音のライフサイクルの全体を維持したまま）、2回目はスウィングだけを読みましょう。語尾の音の違いに注意して聞き、繰り返してください。

stop ***ST*-A-*P*** **C-V-C** **1拍**	**pop** ***P*-A-*P*** **C-V-C** **1拍**	**bed** **B-Ē-D** **C-V-C** **1拍**
tell ***T*-Ē-l** **C-V-C** **1拍**	**ball** **B-A-l** **C-V-C** **1拍**	**come** ***K*-u-M** **C-V-C** **1拍**
home ***H*-O-M** **C-V-C** **1拍**	**pen** ***P*-Ē-N** **C-V-C** **1拍**	**ran** **r-a-N** **C-V-C** **1拍**
cab ***K*-a-B** **C-V-C** **1拍**	**sit** ***S*-i-*T*** **C-V-C** **1拍**	**hot** ***H*-A-*T*** **C-V-C** **1拍**

Lesson 41 単語にSを足す時

①②③④⑤

日本人の英語では、名詞の語尾にSをつけて、複数形や所有格にするたびに、リズムが狂います。3ビートで簡単に解決しましょう。

NATIVE method ネイティブ・メソッド

英語では単語の終わりにSをつけることがあります。どんな時でしょうか？

名詞を複数形にする時（例：CATS）、名詞の所有格をつくる時（例：JOHN'S）、動詞の三人称単数形をつくる時（例：She walks）です。このように*S*を単語に足す時に、どのように読むかを勉強しましょう。

CAUTION

本レッスンでは、アルファベットが発音記号を指すのか、スペルを指すのかがわかりにくいことがあります。特にまぎらわしい場合に限り、発音記号の方をかっこに入れました。

[S]を足す場合

CAP（帽子）の複数形で考えてみましょう。単語が無振動音（ただし[*S*]以外）で終わる時は、語尾にくっつけたSを素直に[*S*]と読みます。またその[*S*]が語尾にもともとあった[*P*]にくっついて[*PS*]というグループ子音となります。

caps
K*-a-*PS
C-V-C
1拍

CAPからCAPSへと、音が加わったのに、シラブル数が増えなかったことがポイントです（つまりCAPもCAPSも1拍で読みます）。

[Z]を足す場合

Sが[Z]と読まれる場合を見ておきましょう。単語の語尾が振動音（ただし[Z]以外）である場合がそうです。ルールは上と同じで、単純に[Z]が直前の子音にくっつくことで、グループ子音になります。CAR（自動車）の複数形で確認してください。

cars
***K*-A-r̲Z**
C-V-C
１拍

[#-i-Z]を足す場合
名詞を複数形にする時、[#-i-Z]が語尾につく場合があります。単語が[S]か[Z]で終わる場合です。これまでと違い、新しいシラブルを加える必要があります。PLACEという名詞で考えてみましょう。

places
***P* l-eI-*S*/#-i̲-Z（穴埋め前）**
***P* l-eI-*S*/*S*-i̲-Z**
C-V-C/C-V-C
２拍

何が起こったでしょうか。[#-i-Z]が加わることで、単語自体が長くなってしまい、1つのシラブルには収まりきりません。ですから、新しいシラブルが生まれました。ただ[#-i-Z]には穴（＃）が開いています。直前のシラブルから*S*を右コピーしました。
結局、もともとは1シラブルだった単語が、2シラブルになってしまいました。2拍で発音します。
さて、[Z]で終わる単語であるPRIZEでも同じことが起こります。例で理解してください。

prizes
***P*r̲-AI-Z/#-i̲-Z（穴埋め前）**
***P*r̲-AI-Z/Z-i̲-Z**
C-V-C/C-V-C
２拍

名詞の複数形をつくる場合を想定して説明しましたが、まったく同じやり方で、名詞の所有格形（例:JOHN'S）と、動詞の三人称単数（例:She walks）を3ビート分けします。

TRY !! やってみよう

2…21

練習1

単語が2回読まれます。1回目は手を鳴らしながら、音を繰り返してください。2回目は、声だけで繰り返してください。

caps
K-a-*PS*
C-V-C
1拍

cars
K-A-rZ
C-V-C
1拍

Mike's
M-AI-*KS*
C-V-C
1拍

John's
J-A-NZ
C-V-C
1拍

(he/she) sits
S-i-*TS*
C-V-C
1拍

(he/she) knows
N-O-Z
C-V-C
1拍

places
P l-eI-*S*/*S*-i-Z
C-V-C/C-V-C
2拍

prizes
*P*r-AI-Z/Z-i-Z
C-V-C/C-V-C
2拍

Kaz's
K-a-Z/Z-i-Z
C-V-C/C-V-C
2拍

(he/she) uses
#-IU-Z/Z-i-Z
C-V-C/C-V-C
2拍

Lesson 42 動詞の過去形をどう発音するか

①②③④⑤

日本人の英語は、動詞にEDをつけて過去形にするたびにリズムが狂います。3ビートで簡単に解決しましょう。

KEYWORD このレッスンで出てくるキーワード

← 080 風キャッチ

NATIVE method ネイティブ・メソッド

英語では動詞の終わりにEDをつけることで過去形をつくります。例外はあるものの、例えば、WALKにEDをつけてWALKEDとすると、「歩く」が「歩いた」になります。3ビートはどうなるでしょうか。

CAUTION

本レッスンでは、アルファベットが発音記号を指すのか、スペルを指すのかがわかりにくいことがあります。特にまぎらわしい場合に限り、発音記号の方をかっこに入れました。

EDを[D]と読む場合

CLEAN（きれいにする）の過去形で考えてみましょう。以下に示したように、[D]が先行する子音（ここでは[N]）にくっついてグループ子音をつくります。

cleaned
***K*l-I-ND**
C-V-C
1拍

[ND]に注目してください。これがグループ子音です。音が加わったにもかかわらず、シラブル数は変わりません。つまり過去形になっても同じ拍数で読むのです。

この現象は語尾がB、G、*H*、J、l、M、N、r、v、W、Y、Z、zh、thで終わる動詞に起こります。

EDを[*T*]と読む場合

KICK（蹴る）の過去形で考えてみましょう。まずは、上で勉強したのと同じで、[D]が先行する子音（ここでは[*K*]）にくっついてグループ子音をつくります。このことを下に示しました。

kicked

K*-i-*K*D => *K*-i-*KT

C-V-C

１拍

[*K*D]に注目してください。これがグループ子音です。さきほどの例と同じで、単語の持つシラブル数は変わりません。ユニークなのは、この[D]が[*T*]と読まれるという点です。

なぜこの[D]を*T*と読むのでしょうか。英語ネイティブの頭の中ではつけ足した[D]はあくまでも[D]です。ですが、*K*のような音から突然[D]に移行するのは大変です（実際に発音してみるとわかります）。ですから、代わりに*T*を使います。

この現象は語尾が*F*、*K*（スペルがCの時も）、*P*、*S*、*SH*、*CH*、*th*で終わる動詞に起こります。

新しいシラブル[D-i-D]を足す場合

[D]で終わる動詞に起こる現象です。ENDという動詞で考えてみましょう。

動詞を過去形にする時、まずは[#-i-D]が語尾につきます。単語自体がやや長くなってしまいます。そこで、この足した部分自体で、独立した１シラブルをつくることにします。子音の穴（＃）は左となりの[D]で埋めてください。結局、シラブル数が１つ増えました。

ended

#-Ē-ND/#-i-D　穴埋め前

#-Ē-ND/D-i-D

C-V-C/C-V-C

２拍

繰り返しますが、この現象は語尾が[D]で終わる動詞に起こります。

新しいシラブル[*T*-i-D]を足す場合

[*T*]で終わる動詞に起こる現象です。HATE（嫌う）を例として考えましょう。上と同じでまず[#-i-D]が足されます。子音の穴（＃）に左隣の[*T*]がコピーされ、新しいシラブル[*T*-i-D]がつくられます。さて、この[*T*-i-D]は[d-i-D]のように読まれることが普通です。どういうことでしょうか。

hated

***H*-eI-*T*/#-i-D**　穴埋め前

***H*-eI-*T*/*T*-i-D**　**(*H*-eI-*T*/d-i-D)**

C-V-C/C-V-C

2拍

なぜ[*T*-i-D]が[d-i-D]のように読まれるのでしょうか。連結部に[*TT*]があるせいです。すでに勉強しましたが、連結部に[*TT*]がくると、フォロースルー*T*がDのような音になります（この音をソフトDと呼びます。レッスン37を復習してください）。

新しいシラブル[N-i-D]あるいは[*T*-i-D]を足す場合

[*T*]で終わる動詞の中でも、特に[N*T*]で終わる動詞の読み方は、もう少し工夫がいります。WANT（ほしい）を例にします。カジュアルとフォーマルの2つの読み方が可能です（理屈が嫌いな人は、適当に飛ばしてしまって、練習を始めてください）。

まずはカジュアルな読み方から勉強しましょう。[*T*-i-D]が追加されることで、新しいシラブルができます。独特なのは、この新しいシラブルの最初が、[*T*]であるにもかかわらず、カジュアルの場合は、[N]と読んでもOKとなります。どういうことでしょうか。例を見てください。

wanted

W-A-N*T*/*T*-i-D　**(W-A-N*T*/N-i-D)**

C-V-C/C-V-C

2拍

第2シラブルにもともとなかったNが発生しています。なぜでしょうか。まずは[*TT*]が連結部に現れていること、そしてその[*TT*]の前にNがあることに注目してください。レッスン37で説明したように[*TT*]を兄弟とイメージします。また、NはT兄弟のお父さんと考えてください。この父Nの仕事の1つは、舌を口の屋根にくっつけることです。この仕事が見事なので、その影響力が兄弟2人に及びます。

まずお兄さんTへの影響を考えます。お父さんNとお兄さんTは、グループ子音NTをつくります。お兄さんTは、お父さんNのおかげで、重労働を免れます。お父さんNが舌を口の屋根の近くまで持ち上げてくれるからです。とはいえ、舌が口の屋根にあたる瞬間は、お兄さんTが活躍しますから、お兄さんTのTとしての個性が消えるわけではありません。

問題は弟Tです。お父さんNの仕事の影響を受けて、自分自身もNになってしまいます。お父さんNが見事に口の屋根にくっつけた舌の影響がそれほど大きかったということです。

以上はカジュアルな読み方でした。フォーマルに読む場合は、弟Tの方でも🔑風キャッチをすることで、メリハリを出してください。つまり、W-A-N*T*/*T*-i-Dを読む時に、2つある両方のTにおいて風キャッチをします（ちなみに、イギリス英語ではこうすることが普通です)。

WANTEDを例に、カジュアルとフォーマルの読み方を紹介しましたが、この類の動詞には、これら2つの読み方しかありません。[*TT*]が出てくるので、その部分をソフトDとして読みたくなるかもしれませんが、そう読むと間違いになります。つまりW-A-N*T*/d-i-Dと読むと間違いです。

TRY !! やってみよう

2…22

単語が2回読まれます。1回目は手を鳴らしながら、音を繰り返してください。2回目は、声だけで繰り返してください。

練習1

EDを[D]と読む単語で練習します。

B	grabbed	Gr-a-BD
G	bugged	B-u-GD
J	edged	#-Ē-DJD
L	spilled	*SP*-i-lD
M	timed	*T*-AI-MD
N	cleaned	*K*l-I-ND
R	scared	*SK*-eI-rD
V	loved	l-u-vD
Y	stayed	*ST*-eI-YD
Z	pleased	*P* l-I-ZD

練習2

Dを加えると直前の子音が落ちてしまうケースがあります。

H	sighed	*S*-AI-*H*D => *S*-AI-D
W	sewed	*S*-O-WD => *S*-O-D

練習3

EDを[*T*]と読む単語で練習します。

F	laughed	l-a-*F*D => l-a-*FT*

K	**kicked**	*K*-i-*K*D => *K*-i-*KT*
P	**stopped**	*ST*-A-*P*D => *ST*-A-*PT*
S	**kissed**	*K*-i-*S*D => *K*-i-*ST*
SH	**pushed**	*P*-u-*SH*D => *P*-u-*SHT*

練習4

EDを[#-i-D]と読む単語で練習します。

D	**ended**	#-E-ND/D-i-D
T	**hated**	*H*-eI-*T*/*T*-i-D　(*H*-eI-*T*/d-i-D)
NT	**wanted**	W-A-N*T*/*T*-i-D　(W-A-N*T*/N-i-D)

ADVICE

HATEDとWANTEDに関しては、上に示したように2通りの発音が存在します。どちらかがより正しいということではありません。

Lesson 43 ①②③④⑤ フォーマル発音、カジュアル発音

カジュアル発音は、英語ネイティブが友人や知り合いと話す時の発音です。フォーマル発音とは、先生や職場のボスとしゃべる時の発音です。厳密には、この使い分けは場合により異なります。誰としゃべっているかということもありますが、話の内容にもよります。

3ビートでどのようにフォーマルさ、カジュアルさを出すことができるでしょうか。

KEYWORD　このレッスンで出てくるキーワード

←080 風キャッチ

NATIVE method　ネイティブ・メソッド

ENやINGで終わる単語は、フォーマル発音、カジュアル発音、スーパーカジュアル発音の3つの読み方があります。ただし、厳密なルールがあるわけではなく、個々の単語によりますから、ケースバイケースで考えます。

ENで終わる単語に起こりうること

フォーマルの発音では、普通に3ビートで読みます。例えば、当然ですが、シラブルを2つ持った単語は2拍で発音します。以下で紹介するLISTENとKITTENにおいては、フォーマル発音とカジュアル発音はたまたま同じです。スーパーカジュアル発音だと、どうなるでしょうか。第2シラブルが大きく短縮され、消えてしまいます。第2シラブルが、母音を失うことで、子音だけのかたまりとなり、その後、直前の子音と結びつくことでグループ子音に変身します。結果、単語全体が1シラブルになり、1拍での発音となります。

フォーマル・カジュアル発音	スーパーカジュアル発音
listen	
l-i-*S*/*S*-i-N	l-i-*S*N*
C-V-C/C-V-C	C-V-C
2拍	1拍

kitten

K-i̲-***T***/***T***-i̲-N	***K***-i̲-***T***N*
C-V-C/C-V-C	C-V-C
2拍	1拍

上のKITTENの例のように、*TT*を含み、その直後がENの単語に関してコメントします。フォーマル発音を読む際の注意です。*TT*を含むからといって、フォロースルーの*T*をソフトDとして読んではいけません（つまり*K*-i̲-*T*/d-i̲-Nと読むと間違いです）。フォロースルーの*T*に🔑風キャッチを加えることで、クリアに読んでください。これが、他の*TT*を含む単語と違うところです。

INGで終わる単語の場合

INGで終わる単語を考えてみましょう。SOMETHINGというような単語だけでなく、動詞のING形も含みます。例えば、SINGであればSINGING、PLAYであればPLAYINGが例となります。

フォーマル発音では、普通の3ビート分けで発音します。カジュアルの場合も普通の3ビート分けが起こりますが、最終シラブルの最後の音であるGが落ちてしまいます。

フォーマル発音	カジュアル発音	スーパーカジュアル発音
driving		
Dr̲-AI-v/v-I-NG	Dr̲-AI-v/v-i̲-N	
C-V-C/C-V-C	C-V-C/C-V-C	
2拍	2拍	
listening		
l-i̲-*S*/*S*-i̲-N/N-I-NG	l-i̲-*S*/*S*-i̲-N/N-i̲-N	l-i̲-*S*N/N-i̲-N*
C-V-C/C-V-C/C-V-C	C-V-C/C-V-C/C-V-C	C-V-C/C-V-C
3拍	3拍	2拍

上で示したようにLISTENINGにはスーパーカジュアル発音があります。3シラブルだった単語が2シラブルになっています。何が起こったのでしょうか。LISTENINGという動詞がENで終わることに注目してください。本レッスンの最初で勉強したように、カジュアル発音では、LISTENが、l-i̲-*S*Nと短縮され、1シラブル語になります。これにi̲-Nが加わったので、2シラブルの単語となったのです。

例外を1つ紹介します。EATINGという単語ですが、変わり者です。フォーマル発音は当然、#-I-*T*/*T*-I-NGです。フォロースルーの*T*に風キャッチをさせます。カジュアル発音となると#-I-*T*/d-I-NGとなります（Gがはずれないという点で変わり者です）。

さらにスーパーカジュアルとなると、第2シラブルが完全につぶれてしまい、#-I-*T*N と発音されます。これは珍しい現象です。他のING形の動詞においては、このようにシラブルが突然消えてしまうことはありません。

TRY !! やってみよう

2…23

練習1

単語が2回読まれます。1回目は手を鳴らしながら、音を繰り返してください。2回目は、声だけで繰り返してください。

フォーマル発音	カジュアル発音	スーパーカジュアル発音
listen l-i-S/S-i-N C-V-C/C-V-C 2拍		l-i-SN* C-V-C 1拍
kitten K-i-T/T-i-N C-V-C/C-V-C 2拍		K-i-TN* C-V-C 1拍
chicken CH-i-K/K-i-N C-V-C/C-V-C 2拍		CH-i-KN* C-V-C 1拍
driving Dr-AI-v/v-I-NG C-V-C/C-V-C 2拍	Dr-AI-v/v-i-N C-V-C/C-V-C 2拍	
walking W-A-lK/K-I-NG C-V-C/C-V-C 2拍	W-A-lK/K-i-N C-V-C/C-V-C 2拍	

singing

***S*-I-NG/NG-I-NG**	***S*-I-NG/#-i-N**
C-V-C/C-V-C	**C-V-C/C-V-C**
2拍	2拍

listening

l-i-*S*/*S*-i-N/N-I-NG	**l-i-*S*/*S*-i-N/N-i-N**	**l-i-*S*N/N-i-N**
C-V-C/C-V-C/C-V-C	**C-V-C/C-V-C/C-V-C**	**C-V-C/C-V-C**
3拍	3拍	2拍

eating

#-I-*T*/*T*-I-NG	**#-I-*T*/d-I-NG**	**#-I-*T*N***
C-V-C/C-V-C	**C-V-C/C-V-C**	**C-V-C**
2拍	2拍	1拍

nothing

N-u-*th*/*th*-I-NG	**N-u-*th*/*th*-i-N**	**N-u-*T*N***
C-V-C/C-V-C	**C-V-C/C-V-C**	**C-V-C**
2拍	2拍	1拍

something

***S*-u-M/*th*-I-NG**	***S*-u-M/*th*-i-N**	***S*-u-MN***
C-V-C/C-V-C	**C-V-C/C-V-C**	**C-V-C**
2拍	2拍	1拍

! CAUTION

文中で＊をふった単語に関してコメントします。これらは、スーパーカジュアル発音の結果、もともと2シラブルだった単語が、1シラブルになってしまった例です。日本人の耳には、それでも2シラブルに聞こえるかもしれません。実は、ネイティブにとっても微妙な発音です。2シラブルのようでもありながら、2シラブルとして発音してしまうと間延びして聞こえます。1シラブルと考えると、1シラブルに収まりきっていないような気がします。1.5シラブルのようでもあります。このように解釈があいまいになってしまうのは、大胆な短縮によって生じたNに原因があります。この特殊なNのせいで、シラブルの最後が混雑してしまうのです。ネイティブメソッドでは、これを1シラブルと理解することにしました。話者の意図としては、1シラブルで発音しようとすることがいちばん普通だからです。このようなスーパーカジュアル発音を皆さん自身が使うことはないかもしれませんが、映画の台詞や音楽の歌詞で耳にすることになるでしょう。アメリカを広く旅すると、どこかで出会う発音かもしれません。

Lesson 44 ①②③④⑤ 3ビートでフレーズや短文を読む

本書をまだ読んでいない日本人は、どんなに英語がうまい人でも、単語と単語をなめらかにつなげる方法を知りません。秘密は3ビートです。3ビートで短い句や文を読む練習をしましょう。

NATIVE method ネイティブ・メソッド

英語ネイティブがフレーズを読む時は、フレーズ自体を長い単語のようにして読みます。単語と単語の間を切ることなく言葉をつなげるのです。

もちろん、単語をわざと1つ1つ言う時もあります。例えば、大切なことを言いたい場合やおおげさに言う場合です。また、観衆に向かってしゃべる時に、言葉をていねいに伝わらせるために、そういうしゃべり方をすることがあります。

とはいえ、英語を自然に、なめらかにしゃべりたいのであれば、フレーズ全体を1つの単語のように考えて発音します。たくさんの例を使って感覚的に勉強しましょう。これまでに勉強したすべてのルールを思い出しながら、以下の例を見てください。

a pair of shoes
#-u-*P*/*P*-eI-r/r-u-v/*SH*-U-Z
C-V-C/C-V-C/C-V-C/C-V-C
4拍

短文の場合も全体を長い単語のように読みます。長文の場合は複数のフレーズや短文が集まったものと理解してください。

CAUTION

定冠詞のAは普通uと発音されます（アメリカ英語ではeIと発音されることもあります。特にAが修飾する名詞が特定のものであるということを強調したい時はeIをよく使います）。

TRY !! やってみよう

2…24

練習1

単語が3回ずつ読まれます。最初はまず音を聞いてください。2回目は手を鳴らしながら、音を繰り返してください。3回目は、声だけで繰り返してください。

a pair of shoes
#-u-*P*/*P*-eI-r/r-u-v/*SH*-U-Z
C-V-C/C-V-C/C-V-C/C-V-C
4拍

I've got it!
#-AI-v/G-A-*T*/*T*-i-*T*（＝#-AI-v/G-A-*T*/d-i-*T*）
C-V-C/C-V-C/C-V-C
3拍

I did it!
#-AI-D/D-i-D/D-i-*T*
C-V-C/C-V-C/C-V-C
3拍

My name is Alice.
M-AI-N/N-eI-M/M-i-Z/Z-a-l/l-i-*S*
C-V-C/C-V-C/C-V-C/C-V-C/C-V-C
5拍

grapes and apples
Gr-eI-*PS*/*S*-i-N/N-a-*P*/*P* lZ-#-#
C-V-C/C-V-C/C-V-C/C-V-C
4拍

CAUTION

ANDが、2つの単語をつなぐ時は、[-a-ND]、[-i-N]か[-i-ND]と発音されます。

ham and an egg
H-a-M/M-i-N/N-u-N/N-eI-G
C-V-C/C-V-C/C-V-C/C-V-C
４拍

CAUTION

ANDのあとにくるANは、常に[-u-N]と発音されます（ANはその他の場所では、[aN]とも発音されます）。

My dog is black and brown.
M-AI-D/D-A-G/G-i-***S***/Bl-a-***K***/***K***-i-N/Br-aU-N
C-V-C/C-V-C/C-V-C/C-V-C/C-V-C/C-V-C
６拍

I'm an American.
#-AI-M/M-a-N/N-u-M/M-eI-r/r-i-***K***/***K***-i-N
C-V-C/C-V-C /C-V-C /C-V-C/C-V-C/C-V-C
６拍

Lesson 45 ①②③④⑤

フレーズでカジュアルな感じを出す

本レッスンでは、少しの工夫で、カジュアルにしゃべることを勉強します。

NATIVE method ネイティブ・メソッド

フレーズ内にTOやHAVEが出てきた時は注意してください。カジュアルな英語において特に大胆な短縮が起こります。例を見て勉強しましょう。

HAVEをカジュアルに

カジュアルな会話において、HAVEがどのように他の言葉とつながるのでしょうか。HAVEの発音がOFの発音とまったく同じになる奇妙なケースを見てみましょう。

フォーマル発音	カジュアル発音
could have	**could've**
***K*-u-D/*H*-a-v**	***K*-u-D/D-u-v**
C-V-C/C-V-C	**C-V-C/C-V-C**
2拍	2拍

TOをカジュアルに

次にTOです。TOが[*T*u]と発音される場合を見てみましょう。[*T*u]になってしまう理由は単純です。その方が簡単だからです。なぜ簡単かというと、喉発音の定位置はゲップエリアです。ゲップエリアの発音であるuは、英語ネイティブにとって発音がより簡単なのです。

例で考えてみましょう。まずはフォーマル発音です。TOを[*T*U]と発音します。

want to
W-A-N*T*/*T*-U-#
C-V-C/C-V-C
2拍

カジュアル発音は以下のようになります。

want to
W-A-N*T*/*T*-u-#
C-V-C/C-V-C
2拍

さらにカジュアルに言うとすると（スーパーカジュアル）次のようになります。

want to
W-A-N/N-u-#　or　W-u-N/N-u-#
C-V-C/C-V-C
2拍

CAUTION

フォーマルな会話で短縮形を使ってはいけないというわけではありませんが、あまり多く使わない方がよいでしょう。カジュアルな会話では短縮形を遠慮なく使います。
英語でのカジュアル・フォーマルの区別は日本語ほどは厳しくありませんが、目上の人としゃべる時には、意識しておいた方が無難です。逆に、友だちとの会話では、短縮形を多く使うと、会話が快いものになるでしょう。

TRY !! やってみよう

2…25

練習1

単語が2回ずつ読まれます。1回目は手を鳴らしながら、音を繰り返してください。2回目は、声だけで繰り返してください。

フォーマル発音	カジュアル発音
could have	**could've**
***K*-u-D/*H*-a-v**	***K*-u-D/D-u-v**
C-V-C/C-V-C	**C-V-C/C-V-C**
2拍	2拍

フォーマル発音	カジュアル発音	スーパーカジュアル発音
would have W-u-D/*H*-a-v C-V-C/C-V-C 2拍	**would've** W-u-D/D-u-v C-V-C/C-V-C 2拍	
should have *SH*-u-D/*H*-a-v C-V-C/C-V-C 2拍	**should've** *SH*-u-D/D-u-v C-V-C/C-V-C 2拍	
will have W-i-l/*H*-a-v C-V-C/C-V-C 2拍	**will've** W-i-l/l-u-v C-V-C/C-V-C 2拍 ※will'veは間違った表現で、辞書にも載っていません。それでも使うネイティブがいますからあえて紹介しました。	
go to G-O-*T*/*T*-U-# C-V-C/C-V-C 2拍	G-O-*T*/d-u-# C-V-C/C-V-C 2拍	
got to G-A-*T*/*T*-U-# C-V-C/C-V-C 2拍	G-A-*T*/d-u-# C-V-C/C-V-C 2拍	
have to *H*-a-v/*T*-U-# C-V-C/C-V-C 2拍	*H*-a-v/*T*-u-# C-V-C/C-V-C 2拍	
want to W-A-N*T*/*T*-U-# C-V-C/C-V-C 2拍	W-A-N*T*/*T*-u-# C-V-C/C-V-C 2拍	CD W-A-N/N-u-# or W-u-N/N-u-# C-V-C/C-V-C 2拍

Lesson 46 ①②③④⑤

w でシラブルをつなぐ場合

英語では、意外な場所で、Wが登場します。シラブルとシラブルの間がどうしてもつながりにくい時、Wが降って湧いたように現れます。このレッスンを読めば、これまで聞こえにくかったW音が聞こえ始めるでしょう。

NATIVE method ネイティブ・メソッド

単語がO、U、IU、aUで終わる場合に現れるスーパーソフトW

単語の語尾にくるO、U、IU、aUには、その直後に自然とW音が生じます。意識的に発音されるWではありませんから、スーパーソフトWと呼びましょう。

1つだけ注意しましょう。スペリングでWが使われている場合は、スーパーソフトWでなく、普通のWで発音します。例えば、LOW[l-O-W]の場合がそうです。

なぜスーパーソフトWが発生するのでしょうか。秘密は喉発音の定位置がゲップエリアであることです。O、U、IU、aUを発音したあとに、喉発音エリアが喉の奥に戻っていきますが、その際にスーパーソフトWが自然と生じます（Wをわざと発音しようとしないでください）。

BLUEの例で理解しましょう。U自体はアクビエリア発音の音ですが、その直後に、英語ネイティブは、発音エリア（音を響かせる場所）を、定位置であるゲップエリアへと落とします。ここで自然にスーパーソフトWが発生します。

スーパーソフトWはとても弱い存在です。小文字のwで表すことにします。

Blue
Bl-U-w
C-V-C
１拍

存在感のうすいスーパーソフトW

このスーパーソフトWは存在感が弱いため、2つの単語の間にきた時には、かき消されてしまうことがあります。以下の例では、スーパーソフトWが消えてしまい、その場所にSが生じています。これは、となりのシラブルのSが左コピーされたことが原因です（とはいえ、スーパーソフトWを維持したら間違いというわけではありません。もしなんらかの理由で、2つの単語をそれぞれ別々に発音したければ、それでもかまいません。以下では両方のケースを示しました)。

Blue shoes
Bl-U-w/*SH*-U-Z
Bl-U-*SH*/*SH*-U-Z
2拍

スーパーソフトWは弱すぎて、となりの穴を埋める素材にならないケースがあります。

NO use
N-O-w/#-IU-*S*
2拍

時にはスーパーソフトWが、となりの穴を埋めるほどの活躍をすることがあります。

You are
Y-U-w/#-A-r(穴埋め前)
Y-U-w/w-A-r(実際の発音)
2拍

以下で、シラブルや単語のつなぎ目で発生するWについて、もっと整理してみます。

Wがシラブルや単語をつなぐ場合

単語、フレーズ、文の中に時々、どうしてもうまく3ビートに乗ってくれない部分があります。例えば、シラブルが母音で終わり、続くシラブルが母音で始まる場合、あるいは単語が母音で終わり、その次にくる単語が母音で始まる場合を考えてください。このように母音と母音が出会った時、C-V-Cのパターンを貫くことができるでしょうか。

しょうがない場合があります。「America is...」というフレーズを考えてみましょう。AMERICAの最後はuで、その直後はiです。このように母音がかち合うとC-V-Cのパターンをつくることができません。こういう場合は、しかたがないので、2つの単語をつなげずに発音します。

さて、なんとかなる場合を考えてみましょう。上ですでに勉強しましたが、O、U、IU、aUで終わるシラブルの場合、スーパーソフトWが潤滑油のように生じます。そのスーパーソフトWがシラブルの連結部に現れ、シラブルどうしをうまくつなぎます。

フォーマル / カジュアル

going

フォーマル	カジュアル
G-O-w/#-I-NG（穴埋め前）	G-O-w/#-i-N（穴埋め前）
G-O-w/w-I-NG（実際の発音）	G-O-w/w-i-N（実際の発音）
C-V-C/C-V-C	C-V-C/C-V-C
2拍	2拍

似たことが単語と単語のつなぎめでも起こります。実は、スーパーソフトWを説明したときに、1つの例（You are）を見ています。他の例を見てみましょう。

do it

D-U-w/#-i-*T*（穴埋め前）
D-U-w/w-i-*T*（実際の発音）
C-V-C/C-V-C
2拍

これまではスーパーソフトWの例ばかりを見てきましたが、もともとスペリングにWがある場合ももちろんあります。右コピーが起こっていることを確認してください。

How is ..

H-aU-W/#-i-Z（穴埋め前）
H-aU-W/w-i-Z（実際の発音）
2拍

右コピーで生じたw自体は、スーパーソフトwになります。意図的にはっきりと発音されるWではないからです。左コピーの場合も同様です。例：I would（#-AI-w/W-u-D）

日本語でよく起こります

実は日本語でこういう音の組み合わせはよく起こります。英語ネイティブが日本人の名前や単語を3ビートで読む時の独特の響きの秘密は、このwにあったのです。例を見てください。

Ueda

#-U-w/w-eI-D/D-u-#
C-V-C/C-V-C /C-V-C
3拍

oishii

#-O-w/w-I-*SH*/*SH*-I-#
C-V-C /C-V-C/C-V-C
3拍

日本語と英語の両方の単語を使って、練習しましょう。

TRY !! やってみよう

2…26

練習1

それぞれの単語が2回ずつ読まれます。1回目は手を鳴らしながら、音を繰り返してください。2回目は、声だけで繰り返してください。

blue
Bl-U-w
C-V-C
1拍

blue shoes
Bl-U-*SH*/*SH*-U-Z
(Bl-U-w/*SH*-U-Z)
2拍

NO use
N-O-w/#-IU-S
2拍

you are
Y-U-w/w-A-r
2拍

Ueda
#-U-w/w-eI-D/D-u-#
C-V-C/C-V-C /C-V-C
3拍

oishii
#-O-w/w-I-*SH*/*SH*-I-#
C-V-C /C-V-C/C-V-C
3拍

Ooita
#-O-w/w-I-*T*/d-u-#
C-V-C/C-V-C/C-V-C
3拍

Ueno
#-U-w/w-eI-N/N-O-w
C-V-C /C-V-C /C-V-C
3拍

Sue is
S-U-w/w-i-Z
C-V-C/C-V-C
2拍

who is
H-U-w/w-i-Z
C-V-C/C-V-C
2拍

do it
D-U-w/w-i-*T*
C-V-C/C-V-C
2拍

go on
G-O-w/w-A-N
C-V-C/C-V-C
2拍

go ahead
G-O-w/w-u-*H*/*H*-Ē-D
C-V-C/C-V-C /C-V-C
3拍

フォーマル発音	カジュアル発音	スーパーカジュアル発音
doing		
D-U-w/w-I-NG	D-U-w/w-i-N	
C-V-C/C-V-C	C-V-C/C-V-C	
2拍	2拍	
going		
G-O-w/w-I-NG	G-O-w/w-i-N	
C-V-C/C-V-C	C-V-C/C-V-C	
2拍	2拍	
going to		
G-O-w/w-I-NG/*T*-U-w	G-O-w/w-i-N/*T*-u-#	G-u-N/N-u-#
C-V-C/C-V-C/C-V-C	C-V-C/C-V-C/C-V-C	C-V-C/C-V-C
3拍	3拍	2拍

Lesson 47 Yでシラブルをつなぐ場合

①②③④⑤

英語では、意外な場所で、Yが登場します。シラブルとシラブルの間がどうしてもつながりにくい時、Yが降って湧いたように現れます。このレッスンを読めば、これまで聞こえにくかったY音が聞こえ始めるでしょう。

NATIVE method ネイティブ・メソッド

単語がI、OI、AI、eIで終わる場合に現れるY

単語の語尾にくるI（OI、AI、eIも含む）には、その直後に自然とY音が生じます。

このYについてくわしく勉強する前に、前レッスンで学んだスーパーソフトWについて復習しましょう。スーパーソフトWとYは、どう違うでしょうか。

Wの場合は、スペリングにWがなければ、スーパーソフトWが現れました（例：BLUE)。スペリングにWがあれば、スーパーソフトWではなく、普通のWが（当然ですが）発音されました（例：LOW)。

Yの場合は、スペルにYがあろうとなかろうと、普通のYで発音されます（つまりYにはスーパーソフトYは存在しません。Yは個性の強い音だからです）。

スーパーソフトWに似ている点もあります。それは、英語ネイティブは、このYをわざと発音していない点です。喉発音の定位置がゲップエリアであるため、自然と起こる音です。

KEYという単語で確認します。Yがスペルにきちんと書かれている場合です。

key
***K*-I-Y**
C-V-C
1拍

SEEという単語を見てみましょう。今度は、Yがスペルにはないのに、Yが生じます。

see
***S*-I-Y**
C-V-C
1拍

Yは存在感のある音です。下の例では、単語と単語の間にきた時にでも、スウィングのYとして、そのポジションを守っています。右となりの*T*によって、消されてしまうことはありません（つまりM-I-*T*/*T*-U-wにはなりません）。

me too

M-I-Y/*T*-U-w
C-V-C/C-V-C
2拍

Yは右となりの子音の穴を埋めること（右コピー）ができます。ME AND YOUという例を見てください。ただし、ANDという言葉を使う時に、話者が考えこみながらしゃべっている場合などは、単語を別々に読む可能性もあります。

me and you

M-I-Y/# -a-ND/Y-U-w（なんらかの事情で単語を別々に読む場合）
M-I-Y/Y-a-ND/Y-U-w（最もネイティブ的な発音の場合）
C-V-C/C-V-C/ C-V-C/
3拍

Yが左となりの子音の穴を埋めること（左へコピー）もできます。絶対そうなるというわけではありません。単語を別々に言いたければスーパーソフトWを残して発音してもOKです。

Do you

D-U-w/Y-U-w（なんらかの事情で単語を別々に読む場合）
D-U-Y/Y-U-w（最もネイティブ的な発音の場合）
2拍

単語と単語の間に発生するYに関して、以下でもう少しくわしく勉強しましょう。

シラブルどうし、単語どうしをつなぐY

Yはまた Wと同じく潤滑油の役割も演じることがあります。シラブルの連結部では、母音のI、OI、AI、eIと、他の母音がかち合ってしまった時にYがシラブルのつながりを助けます。

正確に言うと、まずはスウィングの位置にYがあり、それが右にコピーされます。同じ単語内でシラブルをつなげる場合は、このYは必ず現れます。

seeing

S-I-Y/#-I-NG（***S***-I-Y/#-i-N）（穴埋め前）

S-I-Y/Y-I-NG（***S***-I-Y/Y-i-N）（実際の発音）

C-V-C/C-V-C

2拍

単語と単語の間はどうでしょうか。スウィングの位置のYは当然生じ、それが右コピーされます。例を見てください。

I am

#-AI-Y/#-a-M（穴埋め前）

#-AI-Y/Y-a-M（実際の発音）

C-V-C/C-V-C

2拍

Yがすでにスペリングに入っている場合もあります。

try it

Tr-AI-Y/#-i-***T***（穴埋め前）

Tr-AI-Y/Y-i-***T***（実際の発音）

C-V-C/C-V-C

2拍

特殊な例

シラブル連結部において、スウィングがLで、それに続くシラブルのスペリングがIONの場合、Yが発生します。例を見てください。

million

M-i-l/Y-u-N

C-V-C/C-V-C

2拍

CAUTION

2番目のシラブルは、Y-i-Nとも読むことができます。

日本語を読む時に現れる例

日本語には母音どうしがつながる言葉がたくさんあります。まだ日本語に慣れない英語ネイティブは、母音のつながりにYを足してしまいます。「かき」を英語ネイティブが読むとするとどうなるのでしょう。

kaki
***K*-A-*K*/*K*-I-Y**
C-V-C/C-V-C
2拍

日本語初心者の英語ネイティブの日本語を聞くと、「やたらと音を伸ばすなあ」と感じるかもしれません。「ワタシーノー、ナマーエーハー」というぐあいです。実は音を伸ばしているわけではありません。母音で単語が終わる時にYやWをつけ足しているのです。英語の喉発音の定位置がゲップエリアであること、日本語の単語に母音で終わるものが多いということ。この2つの要素が合わさって、英語なまりの日本語が生まれます。

「京都」という言葉をどう読むでしょうか。英語には「KY+母音」という組み合わせがありません。そこで、まずは頭の中でKYOTOにIを足し、KIYOTOとします（他の母音ではなくてなぜIかというと、IはYに移行しやすい母音だからです)。そして、以下のような要領で3ビートを完成させます。

Kyoto
***K*-I-Y/Y-O-*T*/*T*-O-w（*K*-I-Y/Y-O-*T*/d-O-w）**
C-V-C/C-V-C/C-V-C
3拍

その他、キャ、ギョ、ジョ、リョなどのように、小さなヤやヨが現れる日本語の音に同じことが起こります。

さらに英語にはEの音で終わる単語がありません。Eで単語が終わってしまう場合は、英語ネイティブはEをeI+Y、あるいはI+Yに変えてしまいます。英語ネイティブは「上(うえ)」をどう読むでしょうか。EがeI+Yに変わります。

ue
#-U-w/w-eI-Y
C-V-C/C-V-C
2拍

TRY !! やってみよう

2…27

練習1

単語が2回ずつ読まれます。1回目は手を鳴らしながら、音を繰り返してください。

2回目は、声だけで繰り返してください。

kaki
K-A-*K*/*K*-I-Y
C-V-C/C-V-C
2拍

Kyoto
K-I-Y/Y-O-*T*/*T*-O-w（*K*-I-Y/Y-O-*T*/d-O-w）
C-V-C/C-V-C/C-V-C
3拍

ue
#-U-w/w-eI-Y
C-V-C/C-V-C
2拍

key
K-I-Y
C-V-C
1拍

see
S-I-Y
C-V-C
1拍

lie
l-AI-Y
C-V-C
1拍

try
*T*r-AI-Y
C-V-C
1拍

million
M-i-l/Y-u-N
C-V-C/C-V-C
2拍

フォーマル発音 / カジュアル発音

seeing
S-I-Y/Y-I-NG
C-V-C/C-V-C
2拍

S-I-Y/Y-i-N
C-V-C/C-V-C
2拍

trying
*T*r-AI-Y/Y-I-NG
C-V-C/C-V-C
2拍

*T*r-AI-Y/Y-i-N
C-V-C/C-V-C
2拍

---

try it
*T*r-AI-Y/Y-i-*T*
C-V-C/C-V-C
2拍

(he/she) tries it
*T*r-AI-YZ/Z-i-*T*
C-V-C/C-V-C
2拍

(he/she) tried it
*T*r-AI-YD/D-i-*T*
C-V-C/C-V-C
2拍

I am
#-AI-Y/Y-a-M
C-V-C/C-V-C
2拍

Me, myself and I
M-I-Y/M-AI-Y*S*/*S*-E̅-l*F*/*F*-i-N/N-AI-Y
C-V-C/C-V-C/C-V-C/C-V-C/C-V-C
5拍

Lesson 48 特記事項OrとEr

①②③④⑤

Or とErは、英語ではよく使われる音です。この2つの音は、たいてい1つのシラブルを構成しますが、日本人はあまり意識していないため、発音を間違えがちです。OrやErを含んだ単語をどのように3ビート分けするでしょうか。

NATIVE method ネイティブ・メソッド

OrとErは、「母音と子音がくっついてしまった音」と説明しましたが、3ビートを考える時は、素直に2音と数えます。英語のスペリングはもともと複雑で、OrとErも例外ではありません。また、ORと書かれているのに、発音はErと読まれるケースがあります。もちろん文字どおりに読まれるケースもたくさんあります。このことを例で理解しましょう。

ERのスペリングはいつも[Er]と発音されます。

enter
#-E-N/*T*-E-r
C-V-C/C-V-C
2拍

スペリングがORで発音も[Or]の例を見てみましょう。

more
M-O-r
C-V-C
1拍

スペリングがORなのに発音は[Er]の場合を見てみましょう。

honor

#-A-N/N-E-r
C-V-C/C-V-C
2拍

スペリングがORで、発音は[Or]でも[Er]でもどちらでも良い場合があります。

mentor

M-Ē-N/*T*-O-r
C-V-C/C-V-C
2拍

M-Ē-N/*T*-E-r
C-V-C/C-V-C
2拍

ORあるいはERのあとにEDをつけ足す場合は（動詞を過去形にする時など）、EDが[D]のように発音されます。また、その[D]が直前の子音とくっつき、グループ子音をつくります。

entered

#-Ē-N/*T*-E-rD
C-V-C/C-V-C
2拍

bored

B-O-rD
C-V-C
1拍

単語の語尾がORかERで、そのあとにSがつく場合は（名詞を複数形にする時など）、そのSを[Z]と読みます。

professors

***Pr*-O-*F*/*F*-Ē-*S*/*S*-E-rZ or *Pr*-u-*F*/*F*-Ē-*S*/*S*-E-rZ**
C-V-C/C-V-C/C-V-C
3拍

doors

D-O-rZ
C-V-C
1拍

英語のスペリングはあまり体系的ではありません。つづりがURやIRであってもErと読まれることがあります。例を見てみましょう。

つづりがURで[Er]と読まれるケース

curve
***K*-E-rv**
C-V-C
1拍

つづりがIRで[Er]と読まれるケース

sir
***S*-E-r**
C-V-C
1拍

[Er]には日本人が知らないやっかいな読み方があります。IORで終わる単語は[Y-E-r]と読みます。例を見てみましょう。

senior
***S*-I-N/Y-E-r**
C-V-C/C-V-C
2拍

似た音に気をつけよう

最後に、ERに似た音があるので、気をつけて区別するための勉強をします。PIER、PER(PERSONの一部)、PUREはよく似た音です。これらの音を3ビートで理解すると、音の違いがはっきりします。

pier
***P*-I-r**
C-V-C
1拍

person
***P*-E-r/*S*-i-N**
C-V-C/C-V-C
2拍

PUREの場合はYが隠れていて、Pとくっつくことでグループ子音になります。

pure
***P*Y-E-r**
C-V-C
1拍

CAUTION

スペリングの一部にUREがあるから、Yが隠れているわけではありません。例えば、SUREですが、*SH*-E-rとYなしに発音されます。

最後に、アメリカ人の話者には、PUREやSUREという言葉において、Orと発音したりErと発音する人がいます。普通はErですが、Orと発音する人もいることを、知っておいてください。

TRY !! やってみよう

2…28

練習1
単語が2回ずつ読まれます。1回目は手を鳴らしながら、音を繰り返してください。2回目は、声だけで繰り返してください。

more
M-O-r
C-V-C
1拍

for
***F*-O-r**
C-V-C
1拍

your
Y-O-r
C-V-C
1拍

CAUTION

カジュアルには、Y-E-rとも発音できます。

mentor
M-Ē-N/*T*-O-r
C-V-C/C-V-C
2拍

CAUTION

カジュアルには、*T*-E-rとも発音できます。

sir
S-E-r
C-V-C
1拍

enter
#-Ē-N/*T*-E-r
C-V-C/C-V-C
2拍

honor
#-A-N/N-E-r
C-V-C/C-V-C
2拍

colder
K-O-lD/D-E-r
C-V-C/C-V-C
2拍

player
*P*l-eI-Y/Y-E-r
C-V-C/C-V-C
2拍

curve
K-E-rv
C-V-C
1拍

練習2

OrとErを含んだ単語に[D]あるいは[Z]をつけて読む練習をしましょう。

entered
#-Ē-N/*T*-E-rD
C-V-C/C-V-C
2拍

bored
B-O-rD
C-V-C
1拍

professors
*P*r-O-*F*/*F*-Ē-*S*/*S*-E-rZ
C-V-C/C-V-C/C-V-C
3拍

doors
D-O-rZ
C-V-C
1拍

練習3

語尾がY-E-rの単語で練習しましょう。

junior
J-U-N/Y-E-r
C-V-C/C-V-C
2拍

senior
S-I-N/Y-E-r
C-V-C/C-V-C
2拍

superior
S-U-*P*/*P*-I-r/r-I-Y/Y-E-r
C-V-C/C-V-C/C-V-C/C-V-C
4拍

練習4

日本人が間違いやすい発音の単語を集めました。

sure	**pure**	**cure**
SH-**E-r**	***P*****Y**-**E-r**	***K*****Y**-**E-r**
C-V-C	**C-V-C**	**C-V-C**
1拍	1拍	1拍

練習5

これまでまぎらわしいと思われてきた発音の単語を集めました。

pier	**person**	**pure**
P-**I-r**	***P***-**E-r**/***S***-**i-N**	***P*****Y**-**E-r**
C-V-C	**C-V-C/C-V-C**	**C-V-C**
1拍	2拍	1拍

Lesson 49 *CH*の読み方

①②③④⑤

つづりからは想像できないようなやり方で*CH*の音を読みます。これまで私たちはこの読み方を知りませんでした。

NATIVE method ネイティブ・メソッド

スウィングがTの時、フォロースルーに*CH*が生じることがあります。

lecture
l-<u>Ē</u>-*KT*/*CH*-<u>E-r</u>
C-V-C/C-V-C
2拍

TRY !! やってみよう

2 … 29

練習1

単語が2回ずつ読まれます。1回目は手を鳴らしながら、音を繰り返してください。2回目は、声だけで繰り返してください。

nature
N-eI-*T*/*CH*-<u>E-r</u>
C-V-C/C-V-C
2拍

natural
N-<u>a</u>-*T*/*CH*-<u>E-r</u>/<u>r</u>-u-l
C-V-C/C-V-C/C-V-C
3拍

future
***F*-IU-*T*/*CH*-<u>E-r</u>**
C-V-C/C-V-C
2拍

statue
***ST*-<u>a</u>-*T*/*CH*-U-<u>w</u>**
C-V-C/C-V-C
2拍

lecture
l-E̲-*KT*/*CH*-E̲-r̲
C-V-C/C-V-C
2拍

picture
P-i̲-*KT*/*CH*-E̲-r̲
C-V-C/C-V-C
2拍

prefecture
*P*r̲-I-*F*/*F*-E̲-*KT*/*CH*-E̲-r̲
C-V-C/C-V-C/C-V-C
3拍

culture
K-u̲-l*T*/*CH*-E̲-r̲
C-V-C/C-V-C
2拍

sculpture
SK-u̲-l*PT*/*CH*-E̲-r̲
C-V-C/C-V-C
2拍

question
*K*W̲-E̲-*ST*/*CH*-i̲-N
C-V-C/C-V-C
2拍

mixture
M-i̲-*KS*/*CH*-E̲-r̲
C-V-C/C-V-C
2拍

century
S-E̲-N*T*/*CH*-E̲-r̲/r̲-I-Y̲
C-V-C/C-V-C/C-V-C
3拍

Lesson 50 ①②③④⑤ 喉発音と3ビート以外は忘れてください

本レッスンでは、なぜ喉発音と3ビート以外のことが大切でないかを理解してもらいます。アクセント（強勢）の位置や、イントネーション（抑揚）、あるいは音の長さを気にする必要はありません。

アクセント（強勢）を心配しないでください

英単語には強く読む部分があるかのように聞こえるかもしれません。実はそう感じられるのは、1つには喉発音のせいです。わざとではありませんが、ゲップエリアの音は、音程が少し低めに、アクビエリアの音は少し高めに聞こえます。この音程の違いが、音の強弱や、イントネーションをつくり出しているかのような印象を与えます。

3ビートも関係しています。音を3ビートで分けて読む時に、強いように感じられるシラブル、弱く感じるシラブルが自然とできます。これは、シラブル内で、音のいろいろな特徴がからみ合うことが原因です。発音エリアがどこか、風キャッチがあるか、ポップがあるかといった要素が、複雑にからみ合うことで、英語のパーソナリティができ上がります。自然に起こることですから、皆さんは意識する必要はありません。

単語には強く読む部分があるように日本人が感じるもう1つの原因は息のスピードの変化でしょう。これもまた、自然に生じる現象です。息をスムーズに吐いていれば、口の中の様子が変わる時に、息のトラベルの速度が微妙に変わってきます。風キャッチが起こる音では、空気道が狭まる時に、口の内部での風の速度が微妙に速まるかもしれません。皆さんが何も考えなくても起こることです。

英語において、アクセントは非常に些細な存在です。音の強弱は意味に関係しませんから、たとえめちゃくちゃな強勢でしゃべっても、英語は通じます。とにかく、アクセントの位置を暗記する必要はないことは確かです。

音の長さは無視してください

英語は音の長さが単語の意味に影響しない言語です。例えば「Hi!」と言う時にハイと言っても、ハーイーと言っても同じ意味です。もちろん、音によって長さが違うような気がするかもしれません。SHEEP（*SH*-I-*P*）とSHIP（*SH*-i-*P*）を比べると、片方はシープで、片方はシップというふうに、長さが違うような気がします。実はこれは気のせいなのです。

どういうことでしょうか。長さに関する印象の違いは、喉発音エリアが2つあることの結果です。SHIPは最初の*SH*がアクビエリア発音、iはゲップエリア発音、*P*はアクビエリア発音です。アクビからゲップにいったと思ったら、すぐにアクビに戻ります。この移行の忙しさのせいで、i音が短いような感じがします。SHEEPの方は、どの音もアクビエリア発音ですから、ゆったりとした印象になります。

音の長さは意味に影響しません。ですから、日本ではシップと短く発音されてきたSHIPを長く読んでもOKです。日本ではシープと伸ばして発音されてきたSHEEPを、短めに読んでもOKです。LIVEやLEAVEというペアでも同じです。これらのペアの音の違いは長さではなく、ゲップエリア、あるいはアクビエリアでつくり出される音色の違いなのです。

英語の音が長く聞こえるのも、喉発音と3ビートの影響です。喉発音のせいで、英語の音は完全なライフサイクルを持ちます。3ビートのせいで、意外な場所にWやYが生じます。これらが原因となり、英語の単語は、日本人の耳には長く聞こえるのです。

それでも、音の長さが気になる人がいるでしょう。従来の音声学では、有声音（振動音）の前にくる母音は長く読むとあります。CAB（*K*-a-B）とCAP（*K*-a-*P*）を比べて、CABのaの方がCAPのaよりも長いと教えますが、これも勘違いです。CABのaがたまに長く聞こえるのは、それは母音から移行してくる時のB音のはじまり、つまりルート音（uに似たような音）をa音の一部と勘違いしているからです（一方、CAPのP音は無振動音なので、日本人の耳には、この立ち上がりの時のルート音が聞こえにくいのです）。

また単語の最後の音が、単語全体の長さの印象を変えることもあります。CAPとCABの例で言うと、Bも*P*も、語尾にきた時に、完全なライフサイクルを持たせて読んでもよいし、音の半分までで止めてもOKです。このせいで、単語が短く感じられたり、長く感じられたりします。

音の長さを気にしないでください。音のライフサイクルを大切にし、音を切らない限りはOKです。

アクセントとイントネーションについてはこう考えましょう。

厳密なルールがあるという考えを捨ててください。日本語と同じようにフィーリングにまかせてください。皆さんは、びっくりすることを聞いた時、「本当？」と言うかもしれませんが、言い方はいろいろです。「うそでしょ」と疑う時、「あ、よかったね」と心から思う時、「あ、そう。それで」としらけて言う時では、音の調子がいろいろです。また、どの時は絶対にどの言い方をすると決まってもいません。

英語でも同じです。感情に合わせて、適当でいいのです。平坦にしゃべれと言っているのではありません。アクセントやイントネーションに関しては、硬く考えないでくださいと言っているのです。

もちろん、質問をする時は、イントネーションを意識的に変えることがあります。また、私たちがスピーチをしたり、何かを強調したりしたい時には、アクセントとイントネーションを賢く使うことで、感情を表すこともできます。

自然なのは、単語全体を強調したり、なんらかの意味を持つフレーズを強調することです。単語やフレーズの長さを変えることで、感情を表すこともできます。

日本では母音の上に強調がくると理解されているために、入学試験などでも強勢を持つ母音について問われます。これはなんらかの勘違いです。特定の母音だけを強調してしゃべるネイティブはいません。確かに、単語の特定のシラブルを強調する人も、たまにはいますが、一般的ではありません。

これらのことには、あらかじめ決まったルールはありません。しゃべっている「自分」

にとって大切な部分を感情に任せて、強調しましょう。質問の時には語尾を上げると日本では教えられていますが、これでさえ、厳密なルールがあるわけではありません。
極端なほどイントネーションにこだわるとどうなるでしょうか。皆さんの英語の個性がおかしくなってしまいます。アニメの登場人物のような、極端なほどおおげさなしゃべり方に聞こえます。もちろん皆さんが望むのは自然なパーソナリティを持った英語でしょう。

WHAT?と言われたら

本書で勉強したあとで、英語ネイティブにWHAT?（何？）と言われたら、それはどういうことでしょうか。WHAT?は、たいてい、「声が小さくて聞こえない」という意味です。声を大きくする時は、声帯をリラックスしたままで、息を多めに使ってください。
英語は騒がしい場所では聞きにくい言語です。音が1つのライフサイクルから、次の音のライフサイクルへと移る時、音色が微妙に、繊細に変化しますが、騒がしい場所では、この音の変化が聞きにくいのです。WHAT?と聞かれたら、まずは声を大きくすることで対応しましょう。
発音のせいで理解できなかった時には、英語ネイティブは、具体的に聞き返してきます。皆さんが週末にどこかへ行ったという話をしているならば、「You went where?(え、どこに行ったって？)」というぐあいです。こういう質問に答えるには、相手が聞き取れなかった情報だけを与えます。上の例で言えば、「KYOTO」というふうに、場所の名前を言えばよいのです（日本語でも同じことです）。
日本人は、改まってしゃべる時に、口発音が強まる傾向があります。目上の人としゃべる時、電話をとる時など、普段の話し方よりトーンが高くなったり、しゃきしゃきしたしゃべり方になります。相手に敬意を払おうとすると、無意識のうちにスーパー口発音になりがちです。英語での就職面接、会議、ビジネスシーンなどで、このクセが出てしまうと、英語が通じにくくなります。緊張した時こそ、気をつけて喉を深く響かせるようにしましょう。

ここで結論

ここで結論とします。どんなに不真面目に実践したとしても、喉から音を出すだけで、カタカナ英語の何倍もわかりやすい英語になります。喉発音と3ビートで聞き取り能力が急激に向上します。このあとのドリル章で練習することで正しい発音を定着させましょう。

適当に練習したあとの日本語なまりは、気にしないでください。日本人以外のほとんどのノンネイティブは、なまりがあっても堂々と英語をしゃべりますが、これは、日本語以外のほとんどの言語が喉発音であり、3ビートであるからです。また、英語ネイティブでさえ、特に母音には、多少のブレがあります。いろいろな英語があるのです。喉発音と3ビートだけを心がけていれば、少々のブレは問題になりません。

時間がかかるのは、発音の覚えなおしの作業です。単語のスペリングがいかに発音を知る上で、役に立たないか、そして日本語になっている英語が、いかに本当の発音と違うかを、本書を読んで痛感されたことでしょう。実際の音を聞いたり、ネイティブに尋ねることで、少しずつ練習すれば、皆さんの英語はネイティブの英語に限りなく近づいていきます。

今後どのように英語を勉強するか

大切なのは、楽しみながら勉強することです。楽しむことをまず第一とし、その偶然の結果として、英語を覚えていく感じにしてください。皆さんは、小学校の時のキャンプで歌った歌を覚えているでしょう。それは、楽しく覚えたからです。楽しく覚えた知識は、身につきやすいのです。

従来の勉強法は、楽しさを優先しませんでした。単語や表現の暗記にこだわりすぎでした。英語のリスニングができないのは、単語を知らないからだと思ったからでしょう。本書を読まれた皆さんは、どんな単語でも音として聞き取ることができます。わからない単語があれば、相手に聞き返せばよいのです（これまでは、知っている単語でさえ聞き取りができなかったことでしょう）。

どうしたら楽しく遊びながら、英語を勉強できるでしょうか。

ドラマ、映画、歌を使おう

大好きな俳優や女優の台詞に耳を傾けてください。残念ながら、従来の英語教材の英語ネイティブの英語は、子供にゆっくり言い聞かせるようなおおげさな英語が目立ちます。自然ではありません。発音と聞き取りの勉強にベストなのは、ネイティブがネイティブ向けに話している英語です。そのためには映画やドラマが最適です。

英語の歌も英語を楽しむ良い材料となります。ただし、歌い方によっては、ネイティブでさえ、歌の歌詞を聞き取れないことがあります。歌詞が聞きにくいと悩む必要はありませんし、何回も聞くから聞けるようになるわけでもありません。歌う時の英語と日常会話の英語は同じではないのです。このことを知った上で、好きな歌から3ビートを感じ取りましょう。

友だちをつくろう

ネイティブの友だちもつくってみましょう。近くにネイティブの友だちや同僚がいない場合はどうしたらよいでしょう。本書で練習している友だちと一緒に英語会話をしてはどうでしょう。日本人どうしで英語をしゃべるのは変と思われるかもしれませんが、喉発音と3ビートでしゃべる英語は照れくさくありません。正しい英語だからでしょう。

自分が伝えたいことを伝えるために必要な単語から覚えましょう。友だちと楽しくしゃべった偶然の結果として英語を少し勉強したという感じにしてください。言い方がわからない時は、日本語の単語で間に合わせます。文脈で通じます。また、その単語を知っている友だちが助けてくれるかもしれません。

毎日の生活の中で学ぼう

日常生活を大切にしながら勉強しましょう。通勤通学途中、雑誌の広告などで目にとまった英語を喉発音・3ビートで読んでみてください。日本語でもかまいません。駅の名前などネイティブならどう読むでしょうか。また目に入るものの単語を辞書で調べ、覚えてしまいましょう。銅像、駅、エレベーターなどの名詞でもよいですし、「雨が降りそうだ」などの表現でもいいでしょう。うちへ帰る時には、朝、どんな単語を覚えたかを思い出しながら、同じ風景を眺めてください。日常生活を教材にすると、すんなりと言葉を覚えることができます。実体験をもとに覚えた単語は、必要な時に、引き出しやすいのでしょう。

勉強しなければいけないときはどうするか

たくさんの単語を覚えなければいけないこともあります。そんな時、楽しく勉強する方法はないでしょうか。これは皆さんが、独自に考えてください。1人で悩まないで、クラスメートや先生と一緒に考えるとよいかもしれません。楽しく勉強できれば、暗記したことを長い間覚えておくことができます。また楽しければ、もっと勉強したくなることでしょう。

「英語ネイティブの勘」を磨こう

本書の内容を覚えるだけではだめです。暗記した知識は、単に脳の中にポツンと収納されるだけで、実際の会話には役に立ちません。大切なのは本書で学んだことを武器として、英語ネイティブの勘を養うことです。勘を養えば、本書に載っていない単語にも対応することができます。

「英語ネイティブの勘」をどうやって育てたらよいでしょう。例えば、MANという単語の読み方を本書はお教えしました。FANという単語に出くわしたら、「あ、これはMANと同じように読めばよいのだな」と勘を働かせます。「FANTASTIC」という単語に出くわしたとしたら、「あ、この最初の部分はFANと同じだな」と、勘を働かせます。自分を自分の先生とし、自分に問いかけ、自分に教えるのです。

暗記に関してはこう理解してください。暗記を目的とするのではなく、勘を鍛えた偶然の結果として、覚えてしまったという感じにしてください。勘を鍛えれば、英語ではない外国語の単語でさえ、英語ネイティブと同じように読めるようになります。ネイティブメソッドは、皆さんが勘を鍛え始めるために十分な知識を与えました。勘を鍛えるには、時間がいります。ゆっくりがんばってください。

著者からの要望

ネイティブメソッドを道（どう）にしないようお願いします。英語学習は道の形式には合いません。道の要求する形へのこだわりは、柔軟さを要求する英語発音や聞き取りには合わないのです。また英語の勉強は、人との競争ではありません。何十年やってもどうせできなかった英語発音が、ネイティブメソッドの出現で短期間でマスターできるようになったのです。時間をもうけたようなものです。浮いた時間で楽しく勉強し、楽しく英語を使いましょう。

SECTION VI

ドリルの使い方

これまで勉強したことを定着させるのが、ドリルの目的です。いくつか練習の心得を知っておいてください。

■ 発音記号よりも、音を大切に

練習の時は、発音記号を読むことよりも、音とリズムをまねることを優先してください。発音記号は、読み方の参考にしてください。

■ 意味がわからなくてもかまいません

英語を勉強し始めたばかりの人は、ドリルに登場する文章の意味がわからないかもしれませんが、気にしないでください。音を単なる音ととらえ、リズムに乗って、繰り返すことを目標としてください。

■ 暗記を目的としないでください

正しい発音ができるようになり、勉強が楽しくなった偶然の結果として、意味をくわしく知り、表現を覚えてしまったという感じにしてください。

■ 発音はゆっくりと

発音はゆっくりでかまいません。従来の方法では、ゆっくり読んだあとに、普通の速さで読み、「仕上げ」をするという考えがありました。スピードを上げるから自然な英語になるわけではありません。スピードではなく、3ビートのなめらかさを目標にするとよいでしょう。

! CAUTION

まったく同じ文でも、もちろん、いろいろな読み方がありますから、音声に採用された読み方だけが正しいわけではありません。話者の気分や、目的に応じて、文に区切りをいれたり、強調したり、スピードを変えたり、声を上げたりとさまざまなバリエーションが可能です。

コピーが可能なのに、埋まっていない穴（#）が時々あります。単にしゃべり手の癖かもしれません。フレーズの最後では、穴が埋まらないことがありますし、特定の単語を強調したい時に、あえて単語ごとに区切ってしゃべることがあり、単語の前後に穴が開きます。カジュアルな英語では穴がほとんど開かず、フォーマルな英語では少しだけ穴が開きます。ただし、文の3分の1以上の単語に穴を開けると、ロボット英語に聞こえてしまいますから気をつけましょう。

PEP TALK

英語も、喉発音と3ビートを除けば、日本語によく似ています。自然なしゃべり方をしたければ、感情にまかせればよいのです。とはいえ、もう一つの点で、日本語と英語は大きく異なっています。

もとをたどれば、喉発音、口発音の違いのせいです。単語と単語の間が、日本語では少し途切れがちですが、英語では、比較的、スムーズにつながります。フレーズを、1つの単語のようにスムーズに読むのです。例えば、What do you want?を、Whatdoyouwant?と読むのです。

日本人の耳には、自分たちが単語ごとに区切りながら英語をしゃべっているようには聞こえません。単語ごとにしゃべるといえば、例えば、高校野球の選手宣誓のような声の出し方ですが、ぶつ切り的な英語のしゃべり方をしているという自覚はないはずです。

ところがネイティブ、あるいはアジア系でない外国人の耳には、日本人の英語は、単語ごとに、1つ1つ言っているように聞こえます。例えば、日本人がI am from Japanを発音すると、ネイティブの耳には、「私、は、日本、から、来、まし、た」という感じに聞こえます。なぜでしょう。

ずばり、単語と単語の連結部にくる子音がスウィングとフォロースルーとして読まれていないからです。単語を1つ1つ、区切りながらしゃべっているように聞こえるのです。このロボット的な響きを持つ英語は、「この人は英語ができないのだな」とネイティブに思わせてしまいます。そしてなんと、ネイティブにもこのしゃべり方が移ってしまいます。1つ1つの単語をゆっくりとしゃべれば理解してくれるのだろうと、ロボット的な響きの英語を返してくることでしょう。

ある程度すでに英語が話せる人なら、どうでしょうか。実は、問題はもっと深刻になります。単語ごとに切れて聞こえる日本人英語は、聞く側の外国人を、ものすごく緊張させます。なぜでしょう。英語で、単語を区切りながらしゃべるのは、話者が怒っている時か、軍隊方式で命令をしている時だけだからです。

海外のレストランで、単語をつなげない日本語英語で注文を頼むと、ウェイターさんが深刻な顔で超マジメな対応をします。「コーヒーをお願いします」という簡単な表現でさえ、「間違わないでくれ。すぐに持ってきてくれ」と言われたような気になります。とてつもなくシリアスな任務を与えられたように感じるのです。

スウィング、フォロースルーを自然に実践し、単語と単語をスムーズにつなげて読めれば、外国人の反応が変わってきます。あなた自身の英語が、相手をリラックスさせるからです。スムーズにしゃべるならば、レストランのウェイターさんが冗談を言ったり、軽い話をしてくることでしょう。単語と単語がスムーズにつながったあなたの英語を聞いて、「この人は英語ができる、私と同じ文化を理解する」と、無意識のうちに、ネイティブは納得するのです。この感覚を相手に持ってもらうと、海外で友だちをつくりやすくなります。国際的なビジネスシーンでは、絶対的に大切な感覚です。

でも、誠実さや、一生懸命さを伝えるためには、言葉を切りながらしゃべることもあるのではないかと思われるかもしれません。日本語ではそうです。前述のスポーツ大会での選手宣誓では、若者の誠実さ、熱心さが、1つ1つ区切られた言葉を通じて伝わってきます。

日本の結婚式のスピーチや、ビジネスの交渉の場では、厳粛さをかもし出すことでしょう。

英語では、単語の区切り方では熱心さを表現しません。代わりに、どうするでしょうか。興奮を伝える場合は軽いトーン、緊張を伝える時は重いトーンを使います（これは日本語と同じです）。英語においては、単語を1つ1つ読むことはほとんどないのです。少しだけ、特定の単語を区切ってしゃべるとすると、それは、ややフォーマルにしゃべろうとする時や、特定の単語を強調したい時です（カジュアルな時は、単語と単語がほぼ完全につながります）。

さて、ドリルの目標は、フレーズや文をスムーズに読むことです。単語から単語へとスムーズにつなげる練習をします。覚えておいてください。喉発音ができただけでは、ネイティブ発音とはいえません。3ビートをマスターし、単語中のシラブルの連結部だけではなく、単語と単語の間もスムーズにしゃべれて初めて、英語ネイティブや、その他の外国人は、あなたの英語が流暢だと感じるのです。これに成功すれば、外国人はあなたを自分たちの仲間（つまりインサイダー）と見なします。あなたに対して、驚くほどのフレンドリーさを示すことでしょう。

Drill 01 あいさつ

英語文化においては、あいさつとは相手のムードと自分のムードを合わせることが目的の1つです。相手の雰囲気がフレンドリーであれば、こちらもフレンドリーさを返します。こちらがフレンドリーであれば、相手もフレンドリーになります。

表現を聞いて繰り返す練習

2…30

Hello.
H-E-l/l-O-w
こんにちは。

Hi, how are you?
H-AI-Y *H*-aU-W/w-A-r/Y-U-w
こんにちは、元気ですか。

How's it going?
H-aU-WZ/Z-i-*T*/G-O-w/w-i-N
調子はどう。

Good morning.
G-u-D/M-O-rN/N-I-NG
おはよう。

Take care.
T-eI-*K*/*K*-eI-r
お大事に。

Take it easy.
T-eI-*K*/*K*-i-*T*/d-I-Z/Z-I-Y
気楽にね。

Have a great day.

H-a-v/v-u-G/Gr-eI-***T***/D-eI-Y

良い日を。

I'll catch you later.

CD #-AI-l/***K***-a-***TCH***/***CH***-u-l/l-eI-***T***/d-E-r（カジュアル）

! #-AI-l/***K***-a-***TCH***/Y-U-l/l-eI-***T***/d-E-r（フォーマル）もOK

あとでね。

See you later.

CD ***S***-I-Y/Y-u-l/l-eI-***T***/d-E-r（カジュアル）

! ***S***-I-Y/Y-U-l/l-eI-***T***/d-E-r（フォーマル）もOK

あとで会おう。

Bye. See you tomorrow.

CD B-AI-Y ***S***-I-Y/Y-u-***T***/***T***-u-M/M-A-r/r-O-W（カジュアル）

! B-AI-Y ***S***-I-Y/Y-U-***T***/***T***-U-M/M-A-r/r-O-W（フォーマル）もOK

じゃあね。また明日。

D 会話を聞いて繰り返す練習

会話1

2…31

KAZ : Hello.

H-Ē-l/l-O-w

JEANA : Oh, Hi, how are you?

#-O-w ***H***-AI-Y ***H***-aU-W/w-A-r/Y-U-w

KAZ : I'm not feeling well. I have a cold.

#-AI-M/N-A-***T***/***F***-I-l/l-I-NG/W-Ē-l #-AI-Y/***H***-a-v/v-u-***K***/***K***-O-lD

JEANA : Oh no! I hope you get better soon.

#-O-w/N-O-w #-AI-Y/***H***-O-***P***/Y-U-G/G-Ē-***T***/B-Ē-***T***/d-E-r/***S***-U-N

かず：こんにちは。

ジーナ：あ、元気ですか。

かず：気分が悪いんです。風邪をひきました。

ジーナ：それは、大変。早くよくなるといいですね。

会話2

2…32

MARC：Do you have a plan for the weekend?
D-U-Y/Y-U-#/*H*-a-v/v-u-*P*/*P*l-a-N/*F*-O-r/th-u-w/W-I-*K*/*K*-Ē-ND

KAZ：I'm going to my parents' house.
#-AI-M/G-O-w/w-I-NG/*T*-U-M/M-AI-*P*/*P*-eI-r/r-i-N*TS*/*H*-aU-*S*

MARC：That's a great plan. Have a good time.
th-a-*TS*/*S*-u-G/Gr-eI-*T*/*P*l-a-N *H*-a-v/v-u-G/G-u-D/*T*-AI-M

KAZ：Thanks, you too.
th-eI-N*KS* Y-U-*T*/*T*-U-w

マーク：週末の予定はありますか。
かず：両親の家に行きます。
マーク：いい計画ですね。楽しんでください。
かず：ありがとう。あなたも。

Drill 02 会話の小道具

英語には、会話を円滑にするための小さな表現があります。うまく使えばネイティブっぽさを増すことができますね。そういう表現は日本語にもあります。特に、カジュアルに使われる表現を集めてみました。

D 表現を聞いて繰り返す練習

2…33

I see.
#-AI-*S*/*S*-I-Y
なるほど。

...you know?
CD **Y-u-N/N-O-W**（カジュアル）
Y-U-N/N-O-W（フォーマル）もOK
でしょ。

You're right.
Y-E-r/r-AI-*T*
そうね。

Guess what?
G-E-*S*/W-u-*T*
あのね。

Are you serious?
#-A-r/Y-U-*S*/*S*-I-r/r-I-Y/Y-i-*S*
本当？

You know what I mean?
Y-U-N/N-O-W/W-u-*T*/d-AI-M/M-I-N
わかるでしょ。

I don't know.

CD #-AI-D/D-O-N/N-O-W（カジュアル）

! #-AI-D/D-O-N*T*/N-O-W（フォーマル）もOK

! #-AI-D/D-u-N/N-O-W（カジュアル）もOK

わからない。

Never mind.

N-Ē-v/v-E-r/M-AI-ND

気にしないで。

Yeah, right.

Y-Iau-#/r-AI-*T*

はいはい、そうですよ（皮肉をこめて）。

Oh okay

#-O-w/w-O-*K*/*K*-eI-Y

あ、オッケー。

D 会話を聞いて繰り返す練習

会話1

2…34

JEANA : Excuse me.

#-Ē-*KS*/*K*-IU-Z/M-I-Y

KAZ : Yes?

Y-Ē-*S*

JEANA : Oh, never mind.

#-O-w N-Ē-v/v-E-r/M-AI-ND

KAZ : Anything wrong?

#-Ē-N/N-I-Y/*th*-I-NG/Wr-A-NG

JEANA : Oh, I mistook you for somebody else. Sorry!

#-O-w/w-AI-M/M-i-*S*/*T*-u-*K*/Y-U-*F*/*F*-O-r/*S*-u-M/B-A-D/D-I-Y/Y-Ē-l*S*

S-A-r/r-I-Y

ジーナ：すみません。
かず：はい。
ジーナ：あ、気にしないでください。
かず：何か。
ジーナ：あ、他の誰かと勘違いしてしまいました。すみません。

会話2

2…35

KAZ : Guess what. I bought a new car!
G-E-*S*/W-u-*T* #-AI-B/B-Au-*T*/d-u-N/N-U-*K*/*K*-A-r

MARC : Are you serious?
#-A-r/Y-U-*S*/*S*-I-r/r-I-Y/Y-i-*S*

KAZ : I'm not joking! It's brand new!
#-AI-M/N-A-*T*/J-O-*K*/*K*-I-NG #-i-*TS*/Br-a-ND/N-U-W

MARC : No way!
N-O-w/W-AI-Y

KAZ : Uh huh.
#-u-*H*/*H*-u-*H*

かず：あのね。新しい車を買ったよ。
マーク：本当に。
かず：冗談じゃないんだ。新車だよ。
マーク：ありえない。
かず：本当だよ。

Drill 03 人をよりよく知る

年齢など、プライベートな質問は避けなければなりませんが、人をよりよく知るための役に立つ表現を集めてみました。

D 表現を聞いて繰り返す練習

2…36

What do you do for fun?
W-u-*T*/D-U-Y/Y-U-D/D-U-*F*/*F*-O-r/*F*-u-N（フォーマル）
! W-u-D/D-I-Y/Y-u-（カジュアル）もOK
（普段）何をして楽しむの。

What's your hobby?
W-u-*TS*/Y-O-r/*H*-A-B/B-I-Y
趣味は何ですか。

Do you like sports?
D-U-Y/Y-U-l/l-AI-*K*/*SP*-O-r*TS*
スポーツは好きですか。

Have you traveled to Japan before?
H-a-v/Y-U-*T*/*T*r-a-v/v-u-lD/*T*-U-#/J-u-*P*/*P*-a-N/B-I-*F*/*F*-O-r
日本へ旅行したことがありますか。

Have you ever lived overseas?
H-a-v/Y-U-w/w-Ē-v/v-E-r/l-i-vD/D-O-v/v-E-r/*S*-I-Z
外国に住んだことがありますか。

What do you do on weekends?
W-u-*T*/D-U-Y/Y-U-D/D-U-w/w-A-N/W-I-*K*/*K*-Ē-NDZ
週末には何をしますか。

What type of music do you like?
W-u-*T*/*T*-AI-*P*/*P*-u-v/M-IU-Z/Z-i-*K*/D-U-Y/Y-U-l/l-AI-*K*
どんなタイプの音楽が好きですか。

Where are you from?
W-eI-r/r-A-r/Y-U-*F*/*F*r-u-M
どこの出身ですか。

How many languages can you speak?
H-aU-W/M-Ē-N/N-I-Y/l-eI-NG/GW-i-J/J-i-Z/*K*-a-N/Y-U-*S*/*SP*-I-*K*
言葉はいくつしゃべれますか。

How long have you lived in Japan?
H-aU-l/l-A-NG/*H*-a-v/Y-U-l/l-i-vD/D-i-N/J-u-*P*/*P*-a-N
日本にどのくらい住んでいますか。

D 会話を聞いて繰り返す練習

会話 1

2 … 37

KAZ : What languages do you speak, other than English and Japanese?
W-u-*T*/l-eI-NG/GW-i-J/J-i-Z/D-U-Y/Y-U-*S*/*SP*-I-*K*/
#-u-th/th-E-r/th-a-N/N-I-NG/Gl-i-*SH*/*SH*-i-N/J-a-*P*/*P*-i-N/N-I-Z

JEANA : I speak Spanish.
#-AI-*S*/*SP*-I-*K*/*SP*-a-N/N-i-*SH*

KAZ : Is that harder than Japanese?
#-i-Z/th-a-*T*/*H*-A-r/D-E-r/th-a-N/J-a-*P*/*P*-i-N/N-I-Z

JEANA : No, Spanish is much easier.
N-O-w *SP*-a-N/N-i-*SH*/*SH*-i-Z/M-u-*CH*/*CH*-I-Z/Z-I-Y/Y-E-r

かず：英語と日本語の他に何がしゃべれますか。
ジーナ：スペイン語がしゃべれます。
かず：日本語よりむずかしいですか。
ジーナ：いいえ、スペイン語の方が簡単です。

会話2

2…38

KAZ：Do you like baseball?
D-U-Y/Y-U-l/l-AI-*K*/B-eI-*S*/B-A-l

MARC：Yeah, I love baseball.
Y-Iau-#　#-AI-l/l-u-v/B-eI-*S*/B-A-l

KAZ：Would you like to go to a game?　I can get tickets.
W-u-D/Y-U-l/l-AI-*K*/*T*-U-G/G-O-*T*/*T*-U-w/w-u-G/G-eI-M
#-AI-*K*/*K*-a-N/G-Ē-*T*/*T*-i-*K*/*K*-i-*TS*
! W-u-D/DY-u-, or W-u-D/JY-u-（両方カジュアル）もOK

MARC：That would be awesome!
th-a-*T*/W-u-D/B-I-Y/#-A-*S*/*S*-u-M

KAZ：Okay, I'll arrange it.
#-O-*K*/*K*-eI-Y　#-AI-l/l-u-r/r-eI-NJ/J-i-*T*

かず：野球は好きですか。
マーク：はい、野球は大好きです。
かず：試合を見に行きましょうか。チケットを買っておきますよ。
マーク：それはすばらしい。
かず：OK。それじゃ、準備しておきます。

Drill 04 日本に来たばかりの外国人に聞く

日本に来たばかりの人と話してみましょう。日本で生活を始めて間もない頃は、大変なことも多いでしょう。

D 表現を聞いて繰り返す練習

2…39

Why did you choose Kyoto?
W-AI-Y/D-i-D/Y-U-w/*CH*-U-Z/*K*-I-Y/Y-O-*T*/*T*-O-w
どうして京都を選んだんですか。

Did you consider other cities as well?
D-i-D/DY-u-*K*/*K*-u-N/*S*-i-D/D-E-r/#-u-th/th-E-r/*S*-i-*T*/d-I-Z/Z-a-Z/W-Ē-l
! D-i-D/Y-U-（フォーマル）あるいは D-i-D/JY-u-（上と同じくカジュアル）でもOK
他の街も考えましたか。

What food do you miss from home?
W-u-*T*/*F*-U-D/D-U-Y/Y-U-M/M-i-*S*/*F*r-u-M/*H*-O-M
故郷のどの食べ物が懐かしいですか。

What Japanese food do you like best?
W-u-*T*/J-a-P/P-i-N/N-I-Z/*F*-U-D/D-U-Y/Y-U-l/l-AI-*K*/B-Ē-*ST*
日本食でいちばん好きなものは何ですか。

Did you already get a cell phone?
D-i-D/Y-U-w/#-A-l/r-Ē-D/D-I-Y/G-Ē-*T*/d-u-*S*/*S*-Ē-l/*F*-O-N
携帯電話はもう手に入れましたか。

Is your family excited that you are here?
#-i-Z/Y-O-r/*F*-a-M/Ml-I-Y/Y-i-*KS*/*S*-AI-*T*/d-i-D/th-a-*T*/Y-U-w/w-A-r/*H*-I-r
家族の人は、あなたがここにいることを喜んでいますか。

Are you planning to travel to other Asian countries?
#-A-r/Y-U-*P*/*P*l-a-N/N-I-NG/*T*-U-*T*/*T*r-a-v/v-u-l/*T*-u-#/#-u-th/th-E-r/r-eI-

zh/zh-i-N/*K*-u-N/*T*r-I-Z

❗ *T*-U-w/w-u-th/th-E-r と w を補ってもOK（*T*-Uの部分はフォーマル）

他のアジアの国にも旅行するつもりですか。

What do you want to see while in Japan?

CD W-u-D/D-I-Y/Y-u-w/W-u-N/N-u-*S*/*S*-I-Y/W-AI-l/l-i-N/J-u-*P*/*P*-a-N（カジュアル）

❗ W-u-*T*/D-U-Y/Y-U-w/W-A-N*T*/*T*-U-*S*/*S*-I-Y/W-AI-l/l-i-N/J-u-*P*/*P*-a-N（フォーマル）もOK

日本にいる間に何を見たいですか。

Do you need help with anything?

D-U-Y/Y-U-N/N-I-D/*H*-E-l*P*/W-i-*th*/*th*-E-N/N-I-Y/*th*-I-NG

何か手伝いましょうか。

How long are you here?

H-aU-l/l-A-NG/#-A-r/Y-U-#/*H*-I-r

どのくらいいますか。

D 会話を聞いて繰り返す練習

会話1

2…40

KAZ：Hi, how's everything with you?

H-AI-Y　*H*-aU-WZ/Z-E-v/r-I-*th*/*th*-I-NG/W-i-*th*/Y-U-w

JEANA：Oh okay, but I haven't got a keitai yet, and I want one.

#-O-w/w-O-*K*/*K*-eI-Y

B-u-*T*/d-AI-Y/*H*-a-v/v-i-N*T*/G-A-*T*/d-u-*K*/*K*-eI-*T*/*T*-AI-Y/Y-E-*T*

#-a-ND/D-AI-Y/W-A-N*T*/W-u-N

KAZ：I can help you get the best deal.

#-AI-*K*/*K*-a-N/*H*-E-l*P*/*P*Y-U-G/G-E-*T*/th-u-B/B-E-*ST*/D-I-l

❗ *H*-E-l*P*/*P*Y-u（カジュアル）あるいは *H*-E-l*P*/Y-U（上と同じくフォーマル）でもOK

JEANA：Oh, that would be great!

#-O-w/th-a-*T*/W-u-D/B-I-G/Gr-eI-*T*

かず：こんにちは。うまくやっていますか。
ジーナ：あ、まあまあです。でもまだ携帯電話を持っていないんで、ほしいと思っているんです。
かず：お買い得なのを買えるように手伝いますよ。
ジーナ：ああ、それはすばらしい。

会話2

2 … 41

KAZ : How have you been?

***H*-aU-W/*H*-a-v/Y-U-B/B-i-N**

! ***H*-aU-W/w-Ē-v/Y-u-**（カジュアル）でもOK

MARC : Good, but actually, I'm finding vegetables and some other foods very expensive in Japan.

G-u-D B-u-*T*/#-a-*KSH*/*SH*-u-l/l-I-Y（カジュアル）
#-AI-M/*F*-AI-ND/D-I-NG/v-Ē-*CH*/*T*-u-B/B-u-lZ
#-a-ND/S-u-M/M-u-th/th-E-r/*F*-U-DZ
v-eI-r/r-I-Y/Y-Ē-*KS*/*SP*-Ē-N/*S*-i-v/v-i-N/J-u-*P*/*P*-a-N

! **#-a-*KSH*/*SH*-U-w/w-u-l/l-I-Y**
あるいは **#-a-*KSH*/*SH*-U-w/w-u-l/l-I-Y** もOK。両方フォーマル。

KAZ : You should try a store that I go to. I can show you the store after school.

Y-U-*SH*/*SH*-u-D/*T*r-AI-Y/Y-u-*S*/*ST*-O-r/th-a-*T*/d-AI-G/G-O-*T*/d-U-w
#-AI-*K*/*K*-i-N/*SH*-O-W/Y-U-#/th-u-*ST*/*ST*-O-r/r-a-*FT*/d-E-r/*SK*-U-l

! I canを **#-AI-*K*/*K*-a-N**（フォーマル）と発音してもOK

MARC : That would be a great help! Thanks.

th-a-*T*/W-u-D/B-I-Y/Y-u-G/Gr-eI-*T*/*H*-Ē-l*P* *th*-eI-N*KS*

KAZ : No problem.

N-O-*P*/*P*r-A-B/Bl-u-M

かず：どうしてますか。
マーク：うまくやっています。でも実は、野菜とかその他の食べ物が日本ではとても高いなあと感じてます。
かず：僕が行く店に行ってみたら。学校のあと、案内しますよ。
マーク：それ、本当に助かります。ありがとう。
かず：どういたしまして。

Drill 05 健康に関して

健康に関する質問を集めてみました。病気やけがで困っている人を英語で手助けするにはどのような言い方をすればよいでしょうか。

D 表現を聞いて繰り返す練習

2 … 42

Do you need to see a doctor?
D-U-Y/Y-U-N/N-I-D/*T*-U-*S*/*S*-I-Y/Y-u-D/D-A-*KT*/d-E-r
お医者さんに行く必要がありますか。

What do you eat when you are sick?
W-u-*T*/D-U-Y/Y-U-w/w-I-*T*/W-Ē-N/Y-U-w/w-A-r/*S*-i-*K*
病気の時は何を食べますか。

Is Japanese medicine different?
#-i-Z/J-a-*P*/*P*-i-N/N-I-Z/M-Ē-D/D-i-*S*/*S*-i-N/D-i-*F*/*F*r-i-N*T*
日本の薬は違いますか。

Are you feeling okay?
#-A-r/Y-U-*F*/*F*-I-l/l-I-NG/#-O-*K*/*K*-eI-Y
! *F*-I-l/l-i-N/N-O-*K*/*K*-eI-Y（カジュアル）もOK
気分、大丈夫ですか。

Do you have a fever?
D-U-Y/Y-U-#/*H*-a-v/v-u-*F*/*F*-I-v/v-E-r
熱がありますか。

Are you hurt?
#-A-r/Y-U-#/*H*-E-r*T*
けがをしてませんか。

What do you feel like?
W-u-*T*/D-U-Y/Y-U-*F*/*F*-I-l/l-AI-*K*
どんな気分ですか。

How are you feeling?
H-aU-W/w-A-r/Y-U-F/F-I-l/l-I-NG
気分はどうですか。

Don't worry.
D-O-NT/W-E-r/r-I-Y
心配しないで。

You'll be fine.
Y-U-wl/B-I-F/F-AI-N
大丈夫ですよ。

D 会話を聞いて繰り返す練習

会話1

2…43

KAZ : Are you feeling okay?
#-A-r/Y-U-F/F-I-l/l-I-NG/#-O-K/K-eI-Y

JEANA : I caught a cold and I'm not feeling well at all. I think I have a fever.
#-AI-K/K-Au-T/d-u-K/K-O-lD/D-a-ND/D-AI-M/N-A-T/F-I-l/l-I-NG/
W-E-l/l-a-T/d-A-l
#-AI-Y/th-I-NK/K-AI-Y/H-a-v/v-u-F/F-I-v/v-E-r

KAZ : I can take you to the hospital now. There is one down the street.
#-AI-K/K-a-N/T-eI-K/Y-U-T/T-U-#/th-u-#/H-A-SP/SP-i-T/d-u-l/N-aU-W
th-eI-r/#-i-Z/W-u-N/D-aU-N/th-u-S/STr-I-T

JEANA : Uh. Well, if you don't mind. I will really owe you one.
#-u-H W-E-l/l-i-F/Y-U-D/D-O-NT/M-AI-ND
#-AI-Y/W-i-l/r-I-l/l-I-Y/#-O-W/Y-U-w/W-u-N

KAZ : Don't worry. I'll help you fill out the medical forms, and request an English speaking doctor for you.
D-O-NT/W-E-r/r-I-Y
#-AI-l/H-E-lP/Y-U-F/F-i-l/l-aU-T/th-u-M/M-E-D/D-i-K/K-u-l/F-O-rMZ
#-a-ND/r-I-K/KW-E-ST/ST-a-N/N-I-NG/Gl-i-SH/SP-I-K/K-I-NG/D-A-

***KT*/d-E-r/*F*-O-r/Y-U-w**
❗ **M-Ē-D/D-i-*K*/*K*-u-l** でもOK

かず：大丈夫ですか。
ジーナ：風邪をひいたみたいで、気分が悪いんです。熱があると思います。
かず：いま、病院に連れて行ってあげてもいいですよ。通りを下ったところにありますから。
ジーナ：ああ。もしよろしければ。本当にお世話になります。
かず：心配しないでください。書類を書くのを手伝ってあげますよ。それから、英語がしゃべれるお医者さんを頼むのもお手伝いします。

会話2

2…44

KAZ：What do you eat when you are sick?
W-u-*T*/D-U-Y/Y-U-w/#-I-*T*/W-Ē-N/Y-U-w/w-A-r/*S*-i-*K*

JEANA：Americans usually eat chicken noodle soup.
#-u-M/M-eI-r/r-i-*K*/*K*-i-NZ/#-IU-zh/zh-U-w/w-u-l/l-I-Y/#-I-*T*/*CH*-i-*K*/*K*-i-N/N-U-D/Dl-#-#/*S*-U-*P*

KAZ：In Japan we eat "okayu", which is soft rice.
#-i-N/J-u-*P*/*P*-a-N/W-I-Y/#-I-*T* "O-KA-YU" W-i-*CH*/*CH*-i-Z/*S*-Au-*FT*/r-AI-*S*

JEANA：I like to drink hot tea when I have a sore throat.
#-AI-Y/l-AI-*K*/*T*-u-D/Dr-I-N*K*/*H*-A-*T*/*T*-I-Y/W-Ē-N/N-AI-Y/*H*-a-v/v-u-*S*/*S*-O-r/*th*r-O-*T*

KAZ：Me too.
M-I-*T*/*T*-U-w

かず：病気の時は何を食べますか。
ジーナ：アメリカ人は普通、チキンヌードルスープを食べます。
かず：日本ではおかゆを食べます。柔らかいご飯です。
ジーナ：喉が痛い時は熱い紅茶を飲むのが好きです。
かず：私もです。

Drill 06 食べ物文化に関して聞いてみよう

日本と外国の食文化はどう違うでしょうか。考えてもみなかったようなことが発見できることでしょう。

D 表現を聞いて繰り返す練習

2 … 45

Do you eat rice in the morning?

D-U-Y/Y-U-w/w-I-*T*/r-AI-*S*/*S*-i-N/th-u-M/M-O-r/N-I-NG

朝、ごはん（米）を食べますか。

Do you eat salad in the morning?

D-U-Y/Y-U-w/w-I-*T*/*S*-a-l/l-i-D/#-i-N/th-u-M/M-O-r/N-I-NG

サラダを朝に食べますか。

What is a winter or summer food in your culture?

W-u-*T*/d-i-Z/Z-u-w/W-i-N/*T*-E-r/#-E-r/*S*-u-M/M-E-r/*F*-U-D/D-i-N/Y-O-r/*K*-u-l*T*/*CH*-E-r

! W-i-N/*T*-E-r/#-O-r/*S*-u-M/M-E-r もOK

あなたの文化では、冬の食べ物とか、夏の食べ物がありますか。

How do you like Japanese bread?

H-aU-W/D-U-Y/Y-U-l/l-AI-*K*/J-a-*P*/*P*-i-N/N-I-Z/Br-Ē-D

日本のパンをどう思いますか。

Do you like Japanese sandwiches?

D-U-Y/Y-U-l/l-AI-*K*/J-a-*P*/*P*-i-N/N-I-Z/*S*-a-ND/W-i-*CH*/*CH*-i-Z

日本のサンドイッチは好きですか。

What Japanese food do you like best?

W-u-*T*/J-a-*P*/*P*-i-N/N-I-Z/*F*-U-D/D-U-Y/Y-U-l/l-AI-*K*/B-Ē-*ST*

日本食は何がいちばん好きですか？

What's your favorite food?

W-u-*TS*/Y-O-r/*F*-a-v/r-i-*T*/*F*-U-D

❗ *F*-a-v/v-E-r/r-i-*T* もOK（どちらがカジュアル、フォーマルということではない）
あなたの好きな食べものは何ですか。

Do you like sushi?
D-U-Y/Y-U-l/l-AI-*K*/*S*-U-*SH*/*SH*-I-Y
寿司は好きですか。

Have you used chopsticks before?
H-a-v/Y-U-#/#-IU-ZD/*CH*-A-*P*/*ST*-i-*KS*/B-I-*F*/*F*-O-r
箸を使ったことがありますか。

What do you think of Japanese grocery stores?
W-u-*T*/D-U-Y/Y-U-#/*th*-I-N*K*/*K*-u-v/J-a-*P*/*P*-i-N/N-I-Z/Gr-O-*SH*/r-I-Y/*ST*-O-rZ
❗ Gr-O-*SH*/*SH*-E-r/r-I-Y もOK（どちらがカジュアル、フォーマルということではない）
日本の食料品店をどう思いますか。

D 会話を聞いて繰り返す練習

会話1

2…46

KAZ：You are good at using chopsticks. Did you learn before coming to Japan?
Y-U-w/w-A-r/G-u-D/D-a-*T*/#-IU-Z/Z-I-NG/*CH*-A-*P*/*ST*-i-*KS*
D-i-D/Y-U-l/l-E-rN/B-I-*F*/F-O-r/*K*-u-M/M-I-NG/*T*-U-#/J-u-*P*/*P*-a-N

MARC：Well, I've been using them since I was young, from eating at Chinese restaurants.
W-E-l/l-AI-v/B-i-N/#-IU-Z/Z-I-NG/th-E-M/*S*-i-N*S*/*S*-AI-w/W-u-Z/Y-u-NG
*F*r-u-M/M-I-*T*/d-I-NG/#-a-*T*/*CH*-AI-N/N-I-Z/r-E-*ST*/r-Au-N*TS*

KAZ：Oh I see.
#-O-w/w-AI-*S*/*S*-I-Y

MARC：Also I learned it because of eating at Japanese restaurants too. Both are popular types of restaurants in the States.
#-A-l*S*/*S*-O-w/w-AI-l/l-E-rND/D-i-*T*/B-I-*K*/*K*-u-Z/Z-u-v/v-I-*T*/d-I-NG/
#-a-*T*/J-a-*P*/*P*-i-N/N-I-Z/r-E-*ST*/r-Au-N*TS*/*T*-U-w

B-O-*th*/*th*-A-r/*P*-A-*P*/*P*-IU-l/l-E-r/*T*-AI-*PS*/*S*-u-*F*/r-Ē-*ST*/r-Au-N*TS*/*S*-i-N/th-u-*S*/*ST*-eI-*TS* ❗ B-I-*K*/*K*-Au-Z（フォーマル）もOK

かず：箸を使うのが上手ですね。日本に来る前に使い方を知りましたか。
マーク：若い時から使っています。中華料理の店で。
かず：ああ、そうですか。
マーク：日本料理の店でも食べるので使い方を知りました。両方とも、アメリカでは人気があるタイプのレストランです。

会話2

2…47

KAZ : What do you eat for breakfast in America?
W-u-*T*/D-U-Y/Y-U-w/#-I-*T*/*F*-O-r/Br-Ē-*K*/*F*-u-*ST*/#-i-N/N-u-M/M-eI-r/r-i-*K*/*K*-u-#
❗ Br-Ē-*K*/*F*-u-*ST*/ あるいは Br-Ē-*K*/*F*-i-*ST*/ もOK（どちらがカジュアル、フォーマルということではない）

JEANA : Most people eat very small breakfasts. Some people just drink coffee. Some people eat cereal.
M-O-*ST*/*P*-I-*P*/*P*l-#-#/l-I-*T*/v-eI-r/r-I-Y/*S*M-A-l/Br-Ē-*K*/*F*-i-*STS*
S-u-M/*P*-I-*P*/*P*l-#-#/J-u-*ST*/Dr-I-N*K*/*K*-A-*F*/*F*-I-Y
S-u-M/*P*-I-*P*/*P*l-#-#/l-I-*T*/*S*-I-r/r-I-Y/Y-u-l

KAZ : How do you like Japanese breakfast?
H-aU-W/D-U-Y/Y-U-l/l-AI-*K*/J-a-*P*/*P*-i-N/N-I-Z/Br-Ē-*K*/*F*-u-*ST*

JEANA : I like it, but I especially like toast with jam, using Japanese bread. It's so good!
#-AI-l/l-AI-*K*/*K*-i-*T*/B-u-*T*/d-AI-Y/#-Ē-*S*/*SP*-Ē-*SH*/*SH*-u-l/l-I-Y/l-AI-*K*/*T*-O-*ST*/W-i-*th*/J-a-M/#-IU-Z/Z-I-NG/J-a-*P*/*P*-i-N/N-I-Z/Br-Ē-D
#-i-*TS*/*S*-O-G/G-u-D
❗ #-Ē-*S*/*SP*-Ē-*SH*/*SH*-u-l/l-I-Y でもOK

かず：アメリカでは朝ごはんに何を食べますか。
ジーナ：朝ごはんは普通は小食です。コーヒーを飲むだけの人もいます。シリアルを食べる人もいます。
かず：日本の朝ごはんはどうですか。
ジーナ：好きですが、日本のパンで、ジャムつきのトーストを食べるのが好きです。とてもおいしいです。

Drill 07 日本の印象について聞いてみよう

日本についての印象を尋ねる表現を集めました。外国人の見方を通じて、日本をより深く理解することができるかもしれません。

D 表現を聞いて繰り返す練習

2 … 48

What do you like most about Japan?
W-u-*T*/D-U-Y/Y-U-l/l-AI-*K*/M-O-*ST*/*ST*-u-B/B-aU-*T*/J-u-*P*/*P*-a-N
日本でいちばん好きなことは何ですか。

What is difficult about living in Japan?
W-u-*T*/d-i-*S*/D-i-*F*/*F*-u-*K*/*K*-u-l*T*/#-u-B/B-aU-*T*/l-i-v/v-I-NG/#-i-N/J-u-*P*/*P*-a-N
日本に住むのに大変なことは何ですか？

Do you like Japanese convenient stores?
D-U-Y/Y-U-l/l-AI-*K*/J-a-*P*/*P*-i-N/N-I-Z/*K*-u-N/v-I-N/Y-i-N*T*/*ST*-O-rZ
日本のコンビニは好きですか。

Do you like Japanese cities?
D-U-Y/Y-U-l/l-AI-*K*/J-a-*P*/*P*-i-N/N-I-Z/*S*-i-*T*/d-I-Z
日本の街は好きですか。

Do you like shopping in Japan?
D-U-Y/Y-U-l/l-AI-*K*/*SH*-A-*P*/*P*-I-NG/#-i-N/J-u-*P*/*P*-a-N
日本で買い物するのは好きですか。

How do you like taking the shinkansen?
H-aU-W/D-U-Y/Y-U-l/l-AI-*K*/*T*-eI-*K*/*K*-I-NG/th-u-#/*SH*-I-N*K*/*K*-A-N/*S*-E-N
新幹線に乗るのはどうですか。

Have you ever been to an onsen?
H-a-v/Y-U-w/w-Ē-v/v-E-r/B-i-N/*T*-U-w/w-a-N/N-A-N/*S*-Ē-N
温泉に行ったことがありますか。

What do you think you will miss about Japan?
W-u-*T*/D-U-Y/Y-U-#/*th*-I-N*K*/Y-U-w/W-i-l/M-i-*S*/*S*-u-B/B-aU-*T*/J-u-*P*/*P*-a-N
日本のことで、(あとで考えて) なつかしくなるようなことは何だと思いますか。

What do you miss about your country?
W-u-*T*/D-U-Y/Y-U-M/M-i-*S*/*S*-u-B/B-aU-*T*/Y-O-r/*K*-u-N/*T*r-I-Y
あなたの祖国に関しては何がなつかしいですか。

Do you want to stay longer?
D-U-Y/Y-U-w/W-A-N*T*/*T*-U-#/*ST*-eI-Y/l-A-NG/G-E-r
長くいるつもりですか。

D 会話を聞いて繰り返す練習

会話 1

2 … 49

KAZ : What do you think is the most difficult thing about living in Japan?
W-u-*T*/D-U-Y/Y-U-#/*th*-I-N*K*/#-i-Z/th-u-M/M-O-*ST*/D-i-*F*/*F*-u-*K*/*K*-u-l*T*/*th*-I-NG/#-u-B/B-aU-*T*/l-i-v/v-I-NG/#-i-N/J-u-*P*/*P*-a-N

JEANA : Well at first it was hard because of the language difference. Sometimes I would feel lost, and have to ask someone for directions, but my Japanese was not so good then, so it was hard.
W-Ē-l/l-a-*T*/*F*-E-r*ST*/*ST*-i-*T*/W-u-Z/*H*-A-rD/B-I-*K*/*K*-Au-Z/Z-u-v/
th-u-l/l-a-NG/GW-i-J/D-i-*F*/*F*r-i-N*S*
S-u-M/*T*-AI-MZ/Z-AI-Y/W-u-D/*F*-I-l/l-A-*ST*/#-a-ND/*H*-a-v/*T*-U-w/#-a-*SK*/*S*-u-M/W-u-N/*F*-O-r/D-E-r/r-Ē-*K*/*SH*-u-NZ
B-u-*T*/M-AI-Y/J-a-*P*/*P*-i-N/N-I-Z/W-u-Z/N-A-*T*/*S*-O-#/G-u-D/th-Ē-N/*S*-O-w/w-i-*T*/W-u-Z/*H*-A-rD

KAZ : Do you find it hard now?
D-U-Y/Y-U-*F*/*F*-AI-ND/D-i-*T*/*H*-A-rD/N-aU-W

JEANA : It is fine now, but I still don't know the whole city very well.
#-i-*T*/d-i-Z/*F*-AI-N/N-aU-W/B-u-*T*/#-AI-*S*/*ST*-i-l/D-O-N*T*/N-O-W/th-u-#/*H*-O-l/*S*-i-*T*/d-I-Y/v-eI-r/r-I-Y/W-Ē-l

KAZ : Well if I can help you in some way please let me know.
W-Ē-l/l-i-*F*/*F*-AI-*K*/*K*-a-N/*H*-Ē-l*P*/Y-U-w/#-i-N/*S*-u-M/W-eI-Y/*P*l-I-Z/l-Ē-*T*/M-I-N/N-O-W

JEANA : Thank you.
CD *th*-eI-N*K*/Y-U-w
! *th*-eI-N*K*/*K*Y-U-w もOK（どちらがフォーマル、カジュアルということではない）

かず：日本に住んでいていちばんむずかしいことは何だと思いますか。
ジーナ：言葉の違いが最初は大変でした。時々迷子になって、人に道を聞かなければならないこともありました。日本語があまりうまくなかったので、とてもむずかしかったんです。
かず：いまでもむずかしいですか。
ジーナ：いまは大丈夫ですが、まだ街の全体を知りません。
かず：もしお助けできることがあれば、知らせてください。
ジーナ：どうもありがとう。

会話2

2 … 50

KAZ : How do you like taking the train in Japan?
H-aU-W/D-U-#/Y-U-#/l-AI-*K*/*T*-eI-*K*/*K*-I-NG/th-u-#/*T*r-eI-N/#-i-N/J-u-*P*/*P*-a-N

MARC : It's great. Everything is on time, most of the time. It's easy to travel.
#-i-*TS*/Gr-eI-*T*
#-Ē-v/r-I-Y/*th*-I-NG/#-i-Z/Z-A-N/*T*-AI-M
M-O-*ST*/*ST*-u-v/th-u-*T*/*T*-AI-M
#-i-*TS*/#-I-Z/Z-I-Y/*T*-u-*T*/*T*r-a-v/v-u-l

KAZ : Yeah. Also if you take the shinkansen, it's so fast, and so it doesn't take long to get somewhere.
Y-Iau-#
#-A-l/*S*-O-w/#-i-*F*/Y-U-*T*/*T*-eI-*K*/th-u-#/*SH*-I-N*K*/*K*-A-N/*S*-Ē-N
#-i-*TS*/*S*-O-#/*F*-a-*ST*

#-a-ND/*S*-O-w/#-i-*T*/D-u-Z/Z-i-N*T*/*T*-eI-*K*/l-A-NG/*T*-U-#/G-Ē-*T*/*S*-u-M/W-eI-r

MARC : Even inside a city like Tokyo, there are many choices, like taking the train, or subway, or bus. In Hiroshima, there is even a street car system. All these choices make traveling so easy and convenient.
#-I-v/v-i-N/#-i-N/*S*-AI-D/D-u-*S*/*S*-i-*T*/d-I-Y/l-AI-*K*/*T*-O-*K*/*K*-I-Y/Y-O-w
th-eI-r/r-A-r/M-Ē-N/N-I-Y/*CH*-OI-*S*/*S*-i-*S*
l-AI-*K*/*T*-eI-*K*/*K*-I-NG/th-u-*T*/*T*r-eI-N/#-O-r/*S*-u-B/W-eI-Y/#-O-r/B-u-*S*
#-i-N/*H*-I-r/r-O-*SH*/*SH*-I-M/M-u-#/th-eI-r/#-i-Z/#-I-v/v-i-N/N-u-*S*/*ST*r-I-*T*/*K*-A-r/*S*-i-*ST*/*T*-u-M
#-A-l/th-I-Z/*CH*-OI-*S*/*S*-i-*S*/M-eI-*K*/*T*r-a-v/v-u-l/l-I-NG/*S*-O-w/#-I-Z/Z-I-Y/#-a-ND/*K*-u-N/v-I-N/Y-i-N*T*

KAZ : Yeah, I think so too.
Y-Iau-#　#-AI-Y/*th*-I-N*K*/*S*-O-#/*T*-U-w

かず：日本で電車に乗るのはどうですか。
マーク：すばらしいです。いつも、だいたい、すべてが時間通りです。移動がしやすいです。
かず:そうですね。それから、新幹線に乗るのでしたら、とても速いですよ。だから、どこにいくのでも時間が長くかかりません。
マーク:東京みたいな街の真ん中でも、いろいろチョイスがありますね。例えば、電車、地下鉄、バスとか。広島では路面電車もありますね。いろいろ選べるから本当に移動が簡単で便利です。
かず：私もそう思います。

Drill 08 食事に誘ってみよう

人を食事に誘う場合にはどのような表現を使えばよいでしょうか。また食事以外のいろいろなことで誰かを誘う場合の表現も加えました。

D 表現を聞いて繰り返す練習

2…51

Let's do lunch sometime.

l-Ē-*TS*/D-U-l/l-u-N*CH*/*S*-u-M/*T*-AI-M

いつかランチをしましょう。

Do you want to do lunch today?

D-U-w/Y-U-w/W-A-N*T*/*T*-U-D/D-U-l/l-u-N*CH*/*T*-U-D/D-eI-Y

! **Y-u-w/W-u-N/N-u-D/D-U-**（カジュアル）もOK

TODAYは ***T*-U-D/D-eI-Y** あるいは、***T*-u-D/D-eI-Y** もOK（どちらがカジュアル、フォーマルということではない）

今日ランチはどうですか。

Let's go get something at a convenient store.

l-Ē-*TS*/G-O-#/G-Ē-*T*/*S*-u-M/*th*-I-NG/#-a-*T*/d-u-*K*/*K*-u-N/v-I-N/Y-i-N*T*/*ST*-O-r

コンビニに何か買いに行きましょう。

Would you like to join me for dinner?

W-u-D/Y-U-l/l-AI-*K*/*T*-U-#/J-OI-N/M-I-*F*/*F*-O-r/D-i-N/N-E-r

夕食、ご一緒しましょうか。

Let's take a coffee break.

l-Ē-*TS*/*T*-eI-*K*/#-u-*K*/*K*-A-*F*/*F*-I-B/Br-eI-*K*

コーヒーブレークにしましょう。

Have you ever been to Karaoke before?

***H*-a-v/Y-U-w/w-Ē-v/v-E-r/B-i-N/*T*-U-#/*K*-eI-r/r-I-Y/Y-O-*K*/*K*-I-Y/B-I-*F*/*F*-O-r**

カラオケに行ったことがありますか。

ADVICE

欧米では、カラオケという単語を、日本語とはかなり違った音で発音します。「カラオケ」と日本語ふうに発音すると、日本語を知らない欧米人には理解できないかもしれません。

Would you like to go to the movies with me this weekend?
W-u-D/Y-U-l/l-AI-*K*/*T*-U-#/G-O-*T*/*T*-U-#/th-u-M/M-U-v/v-I-Z/W-i-*th*/M-I-Y/th-i-*S*/W-I-*K*/*K*-Ē-ND
週末に一緒に映画に行きませんか。

Can you come to my party?
***K*-a-N/Y-U-*K*/*K*-u-M/*T*-U-M/M-AI-*P*/*P*-A-r/d-I-Y**
私のパーティに来ませんか。

Why don't we go shopping together?
W-AI-D/D-O-N*T*/W-I-Y/G-O-#/*SH*-A-*P*/*P*-I-NG/*T*-U-G/G-Ē-th/th-E-r
一緒に、買い物に行きませんか。

Why don't you join us for a picnic?
W-AI-D/D-O-N*T*/Y-U-#/J-OI-N/N-u-*S*/*F*-O-r/r-u-*P*/*P*-i-*K*/N-i-*K*
ピクニックに参加しませんか。

D 会話を聞いて繰り返す練習

会話1

2…52

KAZ：There's a new Japanese restaurant. Do you like Japanese food?
th-eI-rZ/Z-u-N/N-U-W/J-a-*P*/*P*-i-N/N-I-Z/r-Ē-*ST*/r-Au-N*T*
D-U-w/Y-U-l/l-AI-*K*/J-a-*P*/*P*-i-N/N-I-Z/*F*-U-D

MARC：Yeah. Let's do lunch there sometime.
Y-Iau-# l-Ē-*TS*/D-U-w/l-u-N*CH*/th-eI-r/*S*-u-M/*T*-AI-M

KAZ：Okay. Cool.
#-O-*K*/*K*-eI-Y *K*-U-l

かず：新しい日本料理のレストランがあります。日本食は好きですか。
マーク：はい。いつかランチに行きましょう。

かず：OK。いいアイデアですね。

会話2

2…53

KAZ：What do you enjoy most in Japan?
W-u-*T*/D-U-Y/Y-U-w/#-i-N/J-OI-Y/M-O-*ST*/*ST*-i-N/J-u-*P*/*P*-a-N

JEANA：I like Karaoke a lot.
#-AI-l/l-AI-*K*/*K*-eI-r/r-I-Y/Y-O-*K*/*K*-I-Y/#-u-l/l-A-*T*

KAZ：Really? Let's go karaoke then sometime.
r-I-l/l-I-Y　l-Ē-*TS*/G-O-#/*K*-eI-r/r-I-Y/Y-O-*K*/*K*-I-Y/th-Ē-N/*S*-u-M/*T*-AI-M

JEANA：Sure, how's this Friday night?
SH-E-r　*H*-aU-WZ/th-i-*S*/*F*r-AI-D/D-eI-Y/N-AI-*T*

KAZ：Okay, let's grab some dinner together first. How 'bout we meet here at 7?
#-O-*K*/*K*-eI-Y
l-Ē-*TS*/Gr-a-B/*S*-u-M/D-i-N/N-E-r/*T*-U-G/G-Ē-th/th-E-r/*F*-E-r*ST*
H-aU-W/B-aU-*T*/W-I-M/M-I-*T*/*H*-I-r/r-a-*T*/*S*-Ē-v/v-i-N
もちろんフォーマルにHow about（*H*-aU-W/w-u-B/B-aU-*T*）もOK

JEANA：Sounds great!
S-aU-NDZ/Gr-eI-*T*

かず：日本でいちばん楽しいものは何ですか。
ジーナ：カラオケがとても楽しいです。
かず：本当ですか。じゃ、今度いつかカラオケに行きましょう。
ジーナ：いいですね。金曜の晩はどうですか。
かず：OKです。まず食事をしましょうか。7時にここで会いましょうか。
ジーナ：それでいきましょう。

Drill 09 大学について聞いてみよう

大学制度の違いについて、どんな答えが返ってくるでしょうか。

D 表現を聞いて繰り返す練習

2 … 54

How much do you have to study for the entrance exam?

***H*-aU-W/M-u-*CH*/D-U-Y/Y-U-#/*H*-a-v/*T*-U-*S*/*ST*-u-D/D-I-Y/*F*-O-r/th-u-#/#-i-N/*T*r-i-N*S*/*S*-i-GZ/Z-a-M**

入学試験のためにどのくらい勉強しなければなりませんか。

How difficult is the entrance exam?

***H*-aU-W/D-i-*F*/*F*-u-*K*/*K*-u-l*T*/d-i-Z/th-u-#/#-i-N/*T*r-i-N*S*/*S*-i-GZ/Z-a-M**

入試はむずかしいですか。

How many entrance exams did you take?

H*-aU-W/M-E-N/N-I-Y/#-i-N/*T*r-i-N*S*/*S*-i-GZ/Z-a-MZ/D-i-D/DY-U-#/*T*-eI-*K

入試は何回受けましたか。

How did you decide your major?

***H*-aU-W/D-i-D/Y-U-D/D-i-*S*/*S*-AI-D/Y-O-r/M-eI-J/J-E-r**

専攻はどうやって決めましたか。

Are clubs important?

#-A-r/*K*l-u-BZ/Z-i-M/*P*-O-R/#-i-N*T*

! **#-i-M/*P*-O-R*T*/*T*-i-N*T***（フォーマル）もOK

クラブは大切ですか。

Are universities expensive?

#-A-r/Y-U-N/N-i-v/v-E-r*S*/*S*-i-*T*/d-I-Z/Z-E-*KS*/*P*-E-N*S*/*S*-i-v

! **Y-U-N/N-u-v/v-E-r *S*/*S*-i-*T*/d-I-Z** でもOK（どちらがフォーマル、カジュアルということではない）

大学は高くつきますか。

How is college different from high school?
H-aU-W/w-i-Z/K-A-l/l-i-J/D-i-F/Fr-i-NT/Fr-u-M/H-AI-S/SK-U-l
大学は高校とどんなふうに違いますか。

What do you plan to do after you graduate?
W-u-T/D-U-Y/Y-U-P/Pl-a-N/T-u-D/D-U-w/#-a-FT/d-E-r/Y-U-#/Gr-a-D/J-U-w/w-eI-T
❗ T-U-D/D-U-（フォーマル）もOK
卒業したら何をする予定ですか。

When do you start looking for a job?
W-E-N/D-U-Y/Y-U-S/ST-A-rT/l-u-K/K-I-NG/F-O-r/r-u-J/J-A-B
仕事はいつ探し始めますか。

What kind of job do you want to do?
W-u-T/K-AI-ND/D-u-v/J-A-B/D-U-Y/Y-U-w/W-A-NT/T-U-D/D-U-w
どんな仕事をしたいですか。

D 会話を聞いて繰り返す練習

会話1

2…55

MARC : How hard is the entrance exam?
H-aU-W/H-A-rD/#-i-Z/th-u-#/#-i-N/Tr-i-NS/S-i-GZ/Z-a-M

KAZ : It's really hard. You have to study for a really long time before you take it to do well.
#-i-TS/r-I-l/l-I-Y/H-A-rD
Y-U-#/H-a-v/T-U-#/ST-u-D/D-I-Y/F-O-r/r-u-#/r-I-l/l-I-Y/l-A-NG/T-AI-M/B-I-F/F-O-r/Y-U-#/T-eI-K/K-i-T/T-U-D/D-U-w/W-E-l

MARC : How many entrance exams did you take?
H-aU-W/M-E-N/N-I-Y/#-i-N/Tr-i-NS/S-i-GZ/Z-a-MZ/D-i-D/Y-U-#/T-eI-K

KAZ : Well I took 3. I took one main national exam and then 2 private university ones.
W-E-l/l-AI-Y/T-u-K/thr-I-Y
#-AI-Y/T-u-K/W-u-N/M-eI-N/N-a-SH/SH-u-N/N-u-l/#-i-GZ/Z-a-M

#-a-ND/th-E-N/*T*-U-w/*P*r-AI-v/v-i-*T*/Y-U-N/N-i-v/v-E-r*S*/*S*-i-*T*/d-I-Y/W-u-NZ

マーク：入学試験はどのくらいむずかしいんですか。
かず：本当にむずかしいですよ。受けていい成績を出すには、本当に長い時間勉強しないといけないんです。
マーク：入試は何回受けましたか。
かず：えっと、3回受けました。1つは国全体の試験で、2つは私立大学の試験でした。

会話2

2…56

JEANA：What's your major?
W-u-*TS*/Y-O-r/M-eI-J/J-E-r

KAZ：International relations.
#-i-N/N-E-r/N-a-*SH*/*SH*-u-N/N-u-l/r-I-l/l-eI-*SH*/*SH*-u-NZ
! #-i-N/*T*-E-r/N-a-*SH*/*SH*-u-N/N-u-l（フォーマル）もOK

JEANA：What kind of job do you want to do after you graduate?
W-u-*T*/*K*-AI-ND/D-u-v/J-A-B/D-U-Y/Y-U-w/W-A-N*T*/*T*-U-D/D-U-w/#-a-*FT*/d-E-r/Y-U-#/Gr-a-D/J-U-w/w-eI-*T*

KAZ：I am not sure exactly, but I know I want to do some kind of job that works with foreign companies.
#-AI-M/N-A-*T*/*SH*-E-r/#-i-GZ/Z-a-*KT*/l-I-Y
B-u-*T*/d-AI-Y/N-O-W/#-AI-w/W-A-N*T*/*T*-U-#/D-U-#/*S*-u-M/*K*-AI-ND/D-u-v/J-A-B/th-a-*T*/W-E-r*KS*/W-i-*th*/*F*-O-r/r-i-N/*K*-u-M*P*/*P*-i-N/N-I-Z

ジーナ：専攻は何ですか。
かず：国際関係です。
ジーナ：卒業したらどんな仕事につきたいですか。
かず：正確にはわかりませんが、外国の会社と取引するようなタイプの仕事がしたいです。

Drill 10　練習用　素材文

本書のはじめに、練習前の皆さんの英語を録音しておいていただくことをお願いしました。練習後、皆さんの英語はどうなったでしょうか。以下の素材で確認してください（1回目はセンテンスごとに繰り返してください。2回目は文章全体をまず聞いてから、繰り返してください）。

1回目 2…57　2回目 2…58

Bento box lunches are special to Japan. A bento is a lunch that has many dishes. The most typical bento has fish, other meats, rice, pickles, and different kinds of vegetable dishes. Some kids take them to school. Some people take them to work for lunch. People love them. Some busy people buy them at convenient stores and eat them for dinner. You can even buy a bento before taking a train trip.

B-Ē-N*T*/*T*-O-#/B-A-*KS*/l-u-N/*CH*-i-Z/#-A-r/*SP*-Ē-*SH*/*SH*-u-l/*T*-U-#/J-u-*P*/
P-a-N
! *SP*-Ē-*SH*/*SH*-u-l でもOK

#-u-B/B-Ē-N*T*/*T*-O-w/#-i-Z/Z-u-l/l-u-N*CH*/th-a-*T*/*H*-a-Z/M-Ē-N/N-I-Y/
D-i-*SH*/*SH*-i-Z

th-u-M/M-O-*ST*/*T*-i-*P*/*P*-i-*K*/*K*l-#-#/B-Ē-N*T*/*T*-O-#/*H*-a-Z/*F*-i-*SH*
#-u-th/th-E-r/M-I-*TS*
r-AI-*S*
P-i-*K*/*K*lZ-#-#
#-a-ND/D-i-*F*/*F*r-i-N*T*/*K*-AI-NDZ/Z-u-v/v-Ē-*CH*/*T*-u-B/
B-u-l/D-i-*SH*/*SH*-i-Z

S-u-M/*K*-i-DZ/*T*-eI-*K*/th-Ē-M/*T*-U-#/*SK*-U-l

S-u-M/*P*-I-*P*/*P*l-#-#/*T*-eI-*K*/th-Ē-M/*T*-U-w/W-E-r*K*/*F*-O-r/l-u-N*CH*

P-I-*P*/*P*l-#-#/l-u-v/th-Ē-M

S-u-M/B-i-Z/Z-I-Y/P-I-P/Pl-#-#/B-AI-Y/th-E-M/#-a-T/K-u-N/v-I-N/Y-i-NT/ST-O-rZ/#-a-ND/D-I-T/th-E-M/F-O-r/D-i-N/N-E-r

Y-U-K/K-a-N/#-I-v/v-i-N/B-AI-Y/#-u-B/B-E-NT/T-O-#/B-I-F/F-O-r/T-eI-K/K-I-NG/#-u-T/Tr-eI-N/Tr-i-P

弁当は日本特有なものです。弁当はいろんな料理が入ったランチです。いちばん典型的なのは魚、その他の肉、ご飯、漬物、それからいろんな野菜の料理が入っています。学校に弁当を持っていく子供もいます。ランチのために仕事に持っていく人もいます。人々は弁当が大好きです。忙しい人の中には、コンビニで弁当を買って、夕食に食べる人もいます。電車に乗る前に弁当を買うこともできます。

SECTION VII

発音練習表の音声は本書付属のCDには含まれていません。
三修社HP（http://www.sanshusha.co.jp）よりダウンロードしてください。

発音練習表

■ 表1　　RC…01

	A	I	U	E	O	a	a	i	u	u
K	K-A copy	K-I keep	K-U cool	K-E kept	K-O coal	K-a cat	K-a can't	K-i kiss	K-u cut	K-u cook
S	S-A sock	S-I seam	S-U soon	S-E cent	S-O soak	S-a sat	S-a sand	S-i sit	S-u such	S-u soot
T	T-A talk	T-I tease	T-U tool	T-E ten	T-O tone	T-a tab	T-a tan	T-i tickle	T-u touch	T-u took
N	N-A not	N-I neat	N-U noon	N-E net	N-O note	N-a gnat	N-a nanny	N-i knit	N-u none	N-u nook
F	F-A father	F-I feet	F-U food	F-E fell	F-O phone	F-a fat	F-a fan	F-i fit	F-u fun	F-u foot
H	H-A hot	H-I heat	H-U hoop	H-E hen	H-O hole	H-a hat	H-a hand	H-i hit	H-u hut	H-u hook
M	M-A mom	M-I mean	M-U moon	M-E men	M-O mole	M-a match	M-a man	M-i mit	M-u mug	M-u
Y	Y-A yawn	Y-I yeast	Y-U you	Y-E yes	Y-O yolk	Y-a yak	Y-a yam	Y-i yip	Y-u young	Y-u
r	r-A rot	r-I reap	r-U root	r-E rent	r-O roll	r-a rat	r-a ran	r-i rip	r-u run	r-u rookie
l	l-A lot	l-I leak	l-U loot	l-E let	l-O loan	l-a lack	l-a land	l-i listen	l-u luck	l-u look
W	W-A walk	W-I weak	W-U wound	W-E went	W-O won't	W-a wag	W-a	W-i with	W-u won	W-u wood
G	G-A got	G-I gear	G-U goose	G-E get	G-O goat	G-a gag	G-a gamble	G-i gift	G-u gun	G-u good
J	J-A jockey	J-I jeans	J-U june	J-E jet	J-O joke	J-a Jack	J-a jam	J-i gym	J-u just	J-u
Z	Z-A zombie	Z-I zero	Z-U zoom	Z-E zen	Z-O zone	Z-a zap	Z-a	Z-i zip	Z-u	Z-u
D	D-A dog	D-I deep	D-U do	D-E den	D-O don't	D-a dad	D-a damp	D-i did	D-u done	D-u
B	B-A bond	B-I bean	B-U boom	B-E bend	B-O bone	B-a bad	B-a band	B-i bit	B-u bud	B-u book
v	v-A volley	v-I veal	v-U	v-E vent	v-O vote	v-a vat	v-a van	v-i vintage	v-u vulgar	v-u
P	P-A pot	P-I peat	P-U pool	P-E pen	P-O poke	P-a pat	P-a pants	P-i pit	P-u putt	P-u put

■ 表2 RC … 02

	Au	AI	IU	eI	OI	aU
K	*K*-Au caught	*K*-AI kite	*K*-IU cube	*K*-eI cake	*K*-OI coin	*K*-aU couch
S	*S*-Au sought	*S*-AI sight	*S*-IU	*S*-eI say	*S*-OI soy	*S*-aU south
T	*T*-Au taught	*T*-AI type	*T*-IU	*T*-eI tape	*T*-OI toy	*T*-aU towel
N	N-Au gnaw	N-AI night	N-IU	N-eI nape	N-OI noise	N-aU now
F	*F*-Au fought	*F*-AI fight	*F*-IU few	*F*-eI fate	*F*-OI foil	*F*-aU foul
H	*H*-Au halt	*H*-AI height	*H*-IU Hugh	*H*-eI hey	*H*-OI hoist	*H*-aU house
M	M-Au malt	M-AI Mike	M-IU mute	M-eI may	M-OI moist	M-aU mouse
Y	Y-Au yacht	Y-AI	Y-IU	Y-eI yea	Y-OI	Y-aU
r	r-Au raw	r-AI rise	r-IU reunion	r-eI raise	r-OI Roy	r-aU route
l	l-Au lawn	l-AI lie	l-IU	l-eI lay	l-OI lawyer	l-aU louse
W	W-Au	W-AI wine	W-IU	W-eI wait	W-OI	W-aU wow
G	G-Au golf	G-AI guy	G-IU	G-eI gate	G-OI	G-aU gown
J	J-Au jaw	J-AI jive	J-IU	J-eI Jason	J-OI joy	J-aU joust
Z	Z-Au result	Z-AI resign	Z-IU	Z-eI	Z-OI	Z-aU
D	D-Au dawn	D-AI dine	D-IU	D-eI date	D-OI doiley	D-aU doubt
B	B-Au bought	B-AI bicycle	B-IU beauty	B-eI bay	B-OI boy	B-aU bounce
v	v-Au vault	v-AI vine	v-IU view	v-eI vacant	v-OI void	v-aU vow
P	*P*-Au pause	*P*-AI pine	*P*-IU pewter	*P*-eI pay	*P*-OI poison	*P*-aU power

発音練習表

表3

RC … 03

	A	I	U	Ē	O	a	a	i	u	u
SH	*SH*-A shop	*SH*-I sheep	*SH*-U shoe	*SH*-Ē chef	*SH*-O show	*SH*-a shadow	*SH*-a shampoo	*SH*-i ship	*SH*-u shut	*SH*-u shook
CH	*CH*-A chop	*CH*-I cheap	*CH*-U choose	*CH*-Ē check	*CH*-O chose	*CH*-a chat	*CH*-a chant	*CH*-i chip	*CH*-u Chuck	*CH*-u
th	*th*-A	*th*-I thief	*th*-U	*th*-Ē theft	*th*-O	*th*-a	*th*-a	*th*-i thin	*th*-u thumb	*th*-u
th	th-A	th-I these	th-U	th-Ē then	th-O those	th-a that	th-a than	th-i this	th-u the	th-u

表4

RC … 04

	Au	AI	IU	eI	OI	aU
SH	*SH*-Au shock	*SH*-AI shine	*SH*-IU	*SH*-eI shape	*SH*-OI	*SH*-aU shout
CH	*CH*-Au chalk	*CH*-AI chime	*CH*-IU	*CH*-eI chain	*CH*-OI choice	*CH*-aU chowder
th	*th*-Au thought	*th*-AI thigh	*th*-IU	*th*-eI thank	*th*-OI	*th*-aU thousand
th	th-Au	th-AI thy	th-IU	th-eI they	th-OI	th-aU thou

■ 表5 RC … 05

	Er	Or
K	*K*-Er curve	*K*-Or cord
S	*S*-Er serve	*S*-Or sort
T	*T*-Er term	*T*-Or torn
N	N-Er nurse	N-Or nor
F	*F*-Er fur	*F*-Or four
H	*H*-Er her	*H*-Or horn
M	M-Er murder	M-Or more
Y	Y-Er yearn	Y-Or your
r	r-Er	r-Or roar
l	l-Er learn	l-Or lord
W	W-Er were	W-Or wore
G	G-Er girl	G-Or gorge
J	J-Er jury	J-Or George
Z	Z-Er	Z-Or
D	D-Er dirt	D-Or door
B	B-Er bird	B-Or bored
v	v-Er verse	v-Or vortex
P	*P*-Er person	*P*-Or port

■ 表6 RC … 06

	Er	Or
SH	*SH*-Er shirt	*SH*-Or shore
CH	*CH*-Er church	*CH*-Or chore
th	*th*-Er third	*th*-Or thorn
th	th-Er	th-Or

■ 表7　ネイティブメソッド子音抽出練習表

A	I	U	E	O
KA	KI	KU	KE	KO
SA	*SI*	SU	SE	SO
SHA	SHI	*SHU*	*SHE*	*SHO*
TA	*TI*	*TU*	TE	TO
CHA	CHI	*CHU*	*CHE*	*CHO*
NA	NI	NU	NE	NO
HA	HI	*HU*	HE	HO
FA	*FI*	FU	*FE*	*FO*
MA	MI	MU	ME	MO
YA	*YI*	YU	*YE*	YO
WA	*WI*	*WU*	*WE*	*WO*
GA	GI	GU	GE	GO
ZA	*ZI*	ZU	ZE	ZO
DA	*DI*	*DU*	DE	DO
JA	JI	*JU*	*JE*	*JO*
BA	BI	BU	BE	BO
PA	PI	PU	PE	PO

PROFILE 著者プロフィール

上川一秋（うえかわ　かずあき）

広島県安芸津町出身。同志社大学（英文科）卒業後、大阪市内の高校にて英語科教諭。その後、シカゴ大学（米国イリノイ州）にて修士号及び博士号（社会学）を取得。南フロリダ大学研究員、日本学術振興会特別研究員を経て、現在は教育政策系コンサルティング分野のアナリスト。専門は教育社会学と教育統計分析。米国ワシントンDC在住。

ジーナ ジョージ（Jeana George）

米国オハイオ州デイトン出身。オハイオ州アクロン大学（芸術学部　グラフィックデザイン専攻）卒業。グラフィックデザイン、マーケティング、多国籍企業のための宣伝広告の分野で10年のキャリアを経験。ラトガーズ大学（ニュージャージー州）にて、日本語と日本文化を学ぶ。立命館大学の国際学生プログラムに１年参加。現在は、米国ニュージャージー州にて著作活動。

英語喉(のど) 50のメソッド
IN 50 LESSONS YOU GET EIGO-NODO

2007年 7 月10日 第 1 刷発行
2018年11月10日 第16刷発行
著 者 上川一秋
ジーナ ジョージ
発行者 前田俊秀
発行所 株式会社 三修社
〒150-0001 東京都渋谷区神宮前2-2-22
Tel.03-3405-4511 Fax.03-3405-4522
http://www.sanshusha.co.jp
振替 00190-9-72758
編集担当 北村英治
印刷製本 大日本印刷株式会社

ISBN978-4-384-05462-0 C0082

装丁・本文デザイン 合原孝明
編集協力 FOUNTAINHEAD
録音エンジニア Marc Sanford